Stormie Omartian

Mein Gebet macht mein Kind stark

Was geschieht, wenn Eltern beten

Stormie Omartian

Mein Gebet macht mein Kind stark

Was geschieht, wenn Eltern beten

SCM
R.Brockhaus

MIX
Papier | Fördert gute Waldnutzung
FSC® C083411

7. Auflage 2025

R.Brockhaus in der SCM Verlagsgruppe GmbH
Max-Eyth-Straße 41 · 71088 Holzgerlingen
brockhaus-verlag.de

Die amerikanische Originalausgabe erschien unter dem Titel:
The Power of a Praying® Parent

Published by Harvest House Publishers
Eugene, Oregon 97402
www.harvesthousepublishers.com

Umschlaggestaltung: Ulrike Vohla, grafikdesign-storch, Rosenheim
Titelbild: shutterstock/axako
Satz: Christoph Möller, Hattingen
Druck und Bindung: CPI books GmbH, Leck
Gedruckt in Deutschland
ISBN 978-3-417-26629-0
Bestell-Nr. 226.629

Inhalt

Dank

Ich danke besonders:

- meiner Tochter Amanda und meinem Sohn Christopher dafür, dass sie mein Leben mit Freude gefüllt und mir so viel Gebetsstoff geliefert haben;
- meinem Ehemann Michael für seine Bereitschaft, in den letzten vierzig Jahren gemeinsam mit mir unzählige Stunden im Gebet für unsere Kinder zu verbringen;
- meiner Sekretärin Susan Martinez, die eine begabte, wertvolle Helferin, Ermutigerin, Trösterin, Schwester und Freundin ist;
- dem Verlagsteam von Harvest House: Bob Hawkins Jr., LaRae Weikert, Kim Moore, Terry Glaspey, Betty Fletcher, Mary Cooper und Carolyn McCready für ihr Engagement und ihre Hilfe, gemeinsam mit mir besorgten Eltern Hoffnung zu bringen;
- meinen wunderbaren Gebetspartnerinnen Susan Martinez, Roz Thompson, Katie Stewart, Patti Brussat, Debra Goldstone und Jan Williamson für die vielen Stunden Gebetszeit, die sie in dieses Projekt, meine Kinder und mein Leben investiert haben;
- Jack Hayford, seit dreiundzwanzig Jahren mein Pastor und seit über vierzig Jahren mein geistlicher Vater, dafür, dass er mir das Beten beigebracht hat;

- den Pastoren Rice Brooks, James Lowe, Jim Laffoon, John Rohr und Dale Evrist für die Erinnerung daran, dass mein wahrer Schatz nur bei Gott zu finden ist;
- meinem geistlichen Adoptivsohn John Kendrick dafür, dass er mich seine Mutter hier auf dieser Erde sein ließ, seit seine leiblichen Eltern im Himmel sind;
- meiner Haushälterin Telma Lopez für dreißig Jahre treuen Dienst und dafür, dass sie mir gezeigt hat, dass das Herz einer Mutter keine Sprachbarrieren kennt.

Schütte dein Herz aus vor dem Herrn wie Wasser:
Hebe deine Hände zu ihm auf um des Lebens
deiner jungen Kinder willen.
Klagelieder 2,19 (LUT)

Vorwort

Meine Mama ist eine tolle Mutter. Sie macht mir Mut und versucht, mir bei allem zu helfen. Ich bin sehr dankbar für ihre Gebete und ihre Liebe. Sie betet jeden Tag für mich, und ich glaube, das ist einer der Gründe, warum ich durch die Schule und durchs Leben komme. Ihre Gebete bewirken etwas in meinem Leben. Einmal gab es durch ihre Gebete eine große, wunderbare Veränderung in meinem Leben, die ich nie für möglich gehalten hätte. In der Schule hatte ich eine Klassenkameradin, die sehr gemein war, und ich wollte nie in ihrer Nähe sein, weil sie mir Angst machte. Als ich meiner Mama davon erzählte, beschloss sie, dass wir zusammen für dieses Mädchen beten sollten. Ich fand die Idee gut, und so beteten wir fast jeden Tag bis zum Ende des Schuljahres und auch über die Sommerferien. Im folgenden Schuljahr geschah ein Wunder: Das Mädchen veränderte sich komplett, und sie wurde eine meiner besten Freundinnen. Das wirkte sich auf mein Leben aus, und es ist eines der größten Erlebnisse, die ich bisher hatte.

Mamas Beten hat funktioniert. Es funktioniert nicht immer, aber auch wenn unsere Gebete nicht gleich erhört werden, fühle ich mich besser, wenn ich bete oder wenn jemand für mich betet. Ich bin Gott und meiner Mutter dankbar. Danke, Mama!

Amanda Omartian (13 Jahre)

Amanda, zehn Jahre später

In den letzten zehn Jahren habe ich die Gebete meiner Mutter jeden Tag gespürt. Und jetzt darf ich die Antworten auf die zahllosen Gebete erleben, die sie ihr Leben lang für mich gebetet hat. Selbst wenn es mir damals nicht bewusst war, weiß ich doch, dass ihre Gebete mich umgeben haben – ganz gleich, wo ich war und was für Dummheiten ich vielleicht gemacht habe. Ich wünsche mir, eines Tages nur halb die Frau zu sein, die sie ist. Sie hat unsere Familie mit ihren Gebeten zusammengehalten. Sie hat sich im Gebet so fest an Gott geklammert, dass der Feind keinen von uns haben durfte, egal, wie sehr er versucht hat, in unserem Leben Fuß zu fassen. Ich kam in Situationen, in denen ich in Gefahr war oder kurz vor einer Katastrophe stand und nichts weiter tun konnte, als mich in dem Moment verzweifelt an Gott zu wenden. Ich begreife heute, was hätte passieren können, wenn meine Eltern nicht die ganze Zeit für mich gebetet hätten, ganz besonders in den Krisenzeiten meines Lebens. Die Gebete meiner Eltern haben mich geschützt, gestärkt und geleitet, selbst wenn ich nicht wusste, dass ich Schutz, Kraft oder Wegweisung brauchte. Ohne sie wäre ich heute ganz sicher kein so gesunder, glücklicher oder hoffnungsvoller Mensch. Das Beten ist ein wichtiger Teil meines Lebens geworden, und ich weiß, dass ich ohne ihn nicht leben kann.

Amanda (23 Jahre)

Amanda, neun Jahre später

Es ist ein Segen, dass ich Eltern habe, denen ich wichtig bin und die für jeden Bereich meines Lebens beten, so wie Gott es ihnen ans Herz legt – sogar für die Bereiche, für die ich selbst vielleicht nicht bete. Mit Ende zwanzig dachte ich, dass ich vielleicht nie heiraten würde – anders als viele meiner Freundinnen, die inzwischen verheiratet waren und Kinder hatten. Ich hatte sogar aufgehört, dafür zu beten: nicht weil ich es für unwichtig hielt, sondern weil ich nicht enttäuscht darüber sein wollte, wenn es anders kam. Aber im Alter von 31 Jahren habe ich nicht nur unerwarteterweise doch geheiratet, sondern sogar jemanden, der die Erwartungen, die ich an einen Lebenspartner hatte, in vielerlei Hinsicht übertraf.

Ich weiß, dass ich meinen Ehemann heute durch die Gebete meiner Mutter habe. Es ist wunderbar, eine Mutter zu haben, die nicht aufhört, an Dinge zu denken, für die ich manchmal nicht einmal mehr die Kraft habe! Außerdem hat sie dafür gebetet, dass ich einen beruflichen Weg einschlage, der zu meiner Persönlichkeit und meinen Fähigkeiten passt und mir Freude macht. Ich war in fast jedem Bereich meines Lebens eine solche Spätentwicklerin, dass ich manchmal dachte, dieser Tag würde auch nie kommen. Aber so, wie ich mit über dreißig den Mann fürs Leben fand, so begann auch mein Berufsleben sich zu dieser Zeit zu entwickeln, und es öffneten sich Türen für mich. Ich habe Spaß an meiner Arbeit; das ist ein Segen und eine Antwort auf viele Gebete. Ich danke Gott dafür – und meiner Mutter, weil sie so unermüdlich für mich gekämpft, unaufhörlich gebetet und darauf vertraut hat, dass Gott mich dorthin bringt, wo ich hinmusste.

Amanda (32 Jahre)

Ich muss sagen, dass ich mit Eltern gesegnet bin, die sehr liebevoll und fürsorglich, sehr verständnisvoll und, ja, manchmal sogar witzig sind. Doch von den vielen wunderbaren Eigenschaften, die meine Eltern besitzen, bewundere ich am meisten ihre Beharrlichkeit im Gebet für mich und meine Schwester und unser tägliches Leben. Wenn ich Ihnen erzählen sollte, wie viel die Gebete meiner Eltern mir bedeuten und was sie in meinem Leben bewirkt haben, würde ich am Ende wahrscheinlich mehr schreiben als meine Mutter. Da Sie dieses Buch vermutlich aber nicht aufgeschlagen haben, um *meine* Texte zu lesen, will ich nur die einschneidendste Situation meines Lebens hervorheben, in der die Gebete meiner Eltern sich wirklich ausgezahlt haben.

In den bisherigen achtzehn Jahren meines Leben haben meine Eltern beide unaufhörlich für meine Sicherheit gebetet. Während ich also im „friedlichen" Los Angeles aufwuchs, haben diese Gebete mich vor Gefahren geschützt. Ich erinnere mich noch besonders deutlich an einen Tag in meinem ersten Highschool-Jahr, an dem Gott mich bei einem schweren Autounfall bewahrte. Zwei andere Jungs und ich fuhren eines Morgens zur Schule und waren nicht angeschnallt, als ein anderes Auto, das an einer Kreuzung links abbog, frontal mit uns zusammenstieß. Einer meiner Freunde wurde durch die Windschutzscheibe geschleudert und dabei schwer verletzt, und der andere Junge schlug mit dem Gesicht auf dem Lenkrad auf. Ich saß hinten und trug nur leichte Blessuren weit unten am Rücken davon. In dieser Situation, in der wir alle hätten sterben können, umgab Gott unser Auto mit seinem Schutz und verschonte unser aller Leben. Da begriff ich, wie wichtig Gebet ist, und begann deutlicher zu sehen, wie unbegreiflich Gottes Macht auch inmitten katastrophaler Situationen ist.

Ich bin meinen Eltern ewig dankbar dafür, dass sie beharrlich für mein Leben beten. Es hat mich nicht nur vor Gefahren bewahrt, sondern auch als ehrlichen, moralischen Menschen auf dem richtigen Weg gehalten.

Da ich nun achtzehn Jahre alt bin, werden sich die Gebete meiner Eltern wahrscheinlich etwas verändern. Ich vermute, sie werden eher dafür beten, dass ich schleunigst heirate, damit sie das Haus für sich haben können.

Christopher Omartian (18 Jahre)

Christopher, zehn Jahre später

Wenn ich auf die letzten zehn Jahre zurückschaue, kann ich nicht leugnen, welche unfassbare Kraft das Gebet hat – und wo ich dadurch heute stehe. Ich habe immer noch die gleichen liebevollen und fürsorglichen Eltern, und, ja, sie müssen sich immer noch anstrengen, um witzig zu sein. Aber mehr als je zuvor merke ich, wie wertvoll es für mein Leben ist, Eltern zu haben, denen ich so wichtig bin, dass sie sich die Zeit nehmen, um regelmäßig für mein Wohlergehen zu beten. Ich weiß nicht, wo ich heute ohne die Gebete meiner Familie wäre. Sie beten, „ohne aufzuhören".

Vor einigen Jahren befand ich mich in einer schwierigen Phase. Die Zeit, die ich mit Bibellesen und Beten verbrachte, war mehr Alltagsroutine als die lebensverändernde Erfahrung, die es sein sollte. Infolgedessen gab es große Defizite in meinem Leben. Ich steckte in einer finanziellen Krise. Außerdem war mir jemand in den Rücken gefallen, dem ich jahrelang vertraut hatte. Doch vor allem hatte ich meine Freude und meinen Frieden verloren. Ich weiß noch, wie ich eines Abends meine Mutter anrief, ihr meine Situation erklärte und sie bat, für mich zu beten.

Sie antwortete, dass Gott mich aus einem bestimmten Grund in diese Lage gebracht hatte und damit versuchte, meine Aufmerksamkeit zu erregen. Am nächsten Tag, als ich die Bibel aufschlug, traf mich ein Vers wie ein Blitz: „Wenn ihr für Gott lebt und das Reich Gottes zu eurem wichtigsten Anliegen macht, wird er euch jeden Tag geben, was ihr braucht" (Matthäus 6,33). Ich hatte diesen Vers schon oft gelesen, aber seine einfache und tiefgreifende Bedeutung nie begriffen. Ich hatte mich so von meinen persönlichen Herausforderungen ablenken lassen, dass ich Gott ständig um sein Eingreifen in meinem Leben bat, statt mein Leben vom Geist Gottes mit seiner Kraft durchdringen zu lassen. In diesem Moment ging ich auf die Knie und fragte Gott einfach nur danach, was *er* will.

Damit will ich eigentlich nur sagen, dass Gott uns oft erlaubt, uns selbst durch verfahrene Situationen zu manövrieren, während er geduldig darauf wartet, dass wir seinen Willen vor und über alles andere stellen. Diese unglücklichen Zeiten in unserem Leben benutzt Gott, um uns in eine tiefere Beziehung mit sich zu ziehen. Gott hat mir viel mehr geschenkt, als ich verdient habe. Die eindringlichen Gebete meiner Eltern dafür, dass ich eine tiefere Beziehung zu Jesus bekomme, haben dies alles bewirkt, das kann ich bezeugen. Natürlich meine ich damit hauptsächlich die Gebete meiner Mutter. Die Hälfte der Gebete meines Vaters drehen sich nämlich eher um die Football-Erfolge seiner geliebten *Chicago Bears*.

Christopher (28 Jahre)

Christopher, neun Jahre später

Ich hatte das Glück, mit Eltern aufzuwachsen, die an die Kraft des Gebetes glauben. Mein ganzes Leben hindurch haben meine Eltern dafür gebetet, dass ich den Plan Gottes für mein Leben entdecke und annehme. Ihr beharrliches Fragen nach Gott und dem Willen für mein Leben hat mich über drei Jahrzehnte hinweg vor viel Kummer bewahrt und mein Leben auf wahrhaft wunderbare Weise verändert. Bereits als ich noch ein Junge war, beteten meine Eltern dafür, dass ich einmal eine Frau mit einem guten Charakter finde. Sie erkannten, wie wichtig es war, dass Gott sie ebenso beschützte und vorbereitete wie mich. Und ich muss sagen, ich könnte gar nicht glücklicher darüber sein, wie alles gekommen ist. Heute bin ich mit meiner wunderbaren Frau Paige verheiratet. Sie ist nicht nur schön, sondern sie liebt auch Gott von ganzem Herzen; sie ist eine Partnerin, die mich im Glauben aufbaut und sich immer darum bemüht, so zu leben, wie es Gott gefällt. Sie ist eine direkte Gebetserhörung.

Auch wenn ich früher manchmal mit meinem Gebetsleben zu kämpfen hatte, konnte ich doch nie das Vorbild meiner Eltern vergessen, die treu für mich gebetet haben. Im Lauf meines Lebens habe ich gelernt, dass durch beharrliches Beten große Dinge geschehen können und werden. Eines Tages werde ich so für meine eigenen Kinder beten, wie meine Eltern für mich gebetet haben. Sicher werde ich mich manchmal überfordert fühlen, und sicher wird mein Glaube ganz neue Belastungsproben aushalten müssen. Trotzdem bin ich zuversichtlich, dass derselbe Gott, der auf die Gebete meiner Eltern für mich geantwortet hat, auch treu zu meiner Frau und mir stehen wird, wenn wir nach seinem Willen für unsere Familie fragen. Ich hoffe, dass viele Eltern durch dieses Buch ermutigt werden, im Leben ihrer Kinder die gute Saat des Gebets auszusäen und zu erleben, wie Gott alle Dinge zum Guten zusammenwirken lässt.

Christopher (37 Jahre)

Einleitung

Als ich vor Jahren *Mein Gebet macht mein Kind stark* schrieb, hätte ich mir nie träumen lassen, dass dieses Buch Millionen Menschen helfen würde. Ich dachte nur daran, dass Gott mir beigebracht hatte, wie ich am besten für meine Kinder beten kann – und ich wollte anderen Eltern davon erzählen. Es hatte als eine Gruppe aus einigen Familien begonnen, die sich regelmäßig bei uns daheim traf, um für alle unsere Kinder zu beten, doch es wurde für uns zum Lebensstil. Wir spürten und sahen, welche Wirkung und welche wunderbaren Folgen unsere Gebete hatten. Die Gebetserhörungen, die wir über die Jahre erlebten, stärkten unseren Glauben und inspirierten uns, immer weiter beharrlich und eifrig für unsere Kinder zu beten, auch als aus ihnen nach und nach Erwachsene wurden und sie auszogen, um ihr eigenes Leben aufzubauen.

Ich habe diesem Buch am Ende auch ein Kapitel mit der Überschrift „Für erwachsene Kinder beten" angefügt. Es besteht aus einfachen Gebeten, die helfen sollen, besonders für sie zu beten – denn als Eltern hört man nie auf, für seine Kinder zu beten, ganz gleich, wie alt sie sind oder wo sie leben. Aus diesem einen Kapitel wurde wiederum ein ganzes Buch (*Mein Gebet macht euch stark*; SCM R.Brockhaus). Selbst wenn Ihre Kinder schon erwachsen sind und Sie bisher nicht für sie gebetet haben, kann *Mein Gebet macht mein Kind stark* Ihnen dennoch helfen, heute für sie zu beten. Später können Sie auf das Buch für die erwachsenen Kinder zurückgreifen, wenn Sie bereit für etwas Tiefgründigeres sind. Meine Kinder sind heute schon über dreißig, und ich benutze immer noch beide Bücher als „Gebetsleitfaden".

Mein Gebet macht mein Kind stark enthält auch ein Kapitel mit der Überschrift „Die Teenagerjahre überstehen". Ich bin überzeugt: Wir können es uns nicht leisten, bis zur Pubertät unserer Kinder zu warten, bevor wir anfangen, für diese kritische Phase ihres Lebens zu beten. Ich hoffe, dieses Kapitel erinnert Sie an Dinge, für die Sie andernfalls nicht beten würden, bevor sie akut werden.

Für unsere Kinder zu beten, ist eine nie endende Herzensgewohnheit. Die Möglichkeit, durch das Gebet positiven Einfluss auf das Leben unserer Kinder zu nehmen, kann unsere Beziehung zu ihnen stärken und wird uns helfen, aktiv Anteil an ihrem Leben zu nehmen, auch wenn sie von zu Hause ausziehen. Und es wird uns helfen, immer wieder Freude am Elternsein zu haben.

Stormie Omartian

KAPITEL 1

Betende Eltern werden

Es ist die schönste Aufgabe der Welt. Es ist die schwierigste Aufgabe der Welt. Sie kann riesige Freude machen und großen Schmerz bringen. Nichts anderes ist so erfüllend und aufregend. Nichts anderes ist so auszehrend und ermüdend. In keinem anderen Bereich des Lebens kann man sich erfolgreicher fühlen, wenn alles gut läuft. In keinem anderen Bereich des Lebens kann man größere Niederlagen erleben, wenn etwas schiefgeht.

Eltern sein!

Schon das Wort an sich kann widersprüchliche Gefühle hervorrufen. Wir versuchen, unsere Kinder nach bestem Vermögen zu erziehen. Doch gerade wenn wir meinen, wir wüssten endlich, wie „Eltern sein" funktioniert, werden wir mit jeder neuen Alters- und Lebensphase unserer Kinder, die ihre ganz eigenen Herausforderungen mit sich bringt, wieder in unbekanntes Terrain geworfen. Manchmal läuft alles glatt. Manchmal geraten wir in Stürme und Flutwellen. Manchmal sind wir so müde, dass wir einfach nur aufgeben und vor dem Sturm kapitulieren wollen.

Doch es gibt eine gute Nachricht. Wir müssen uns nicht von jedem Windstoß herumwirbeln lassen. *Das Leben unserer Kinder muss nicht dem Zufall überlassen bleiben.*

Wir müssen nicht nervös durchs Haus laufen und uns vor dem ersten Trotzalter oder der Pubertät unserer Kinder fürchten.

Wir müssen keine Angst haben, was jede neue Entwicklungsphase mit sich bringen wird oder welche Gefahren hinter der nächsten Ecke lauern könnten. Und wir müssen auch keine perfekten Eltern sein. Wir können hier und jetzt damit anfangen, positiven Einfluss auf die Zukunft unseres Kindes zu nehmen. Dafür ist es nie zu früh und nie zu spät. Es spielt keine Rolle, ob das Kind drei Tage alt und perfekt ist oder dreißig Jahre und gerade seine dritte Scheidung durchmacht, weil es Alkoholprobleme hat. Jede Phase im Leben unserer Kinder muss und wird von unseren Gebeten profitieren.

Entscheidend ist, nicht alles selbst und alles auf einmal leisten zu wollen. Vielmehr können wir uns beim besten Vater aller Zeiten – bei Gott, unserem himmlischen Vater – Hilfe holen. Dann sollten wir nach und nach jeden Bereich im Leben unseres Kindes umbeten. Die Wirkung ist beachtlich und geht weit über das hinaus, was die meisten Menschen sich vorstellen können. Unterschätzen wir nie, welchen Einfluss betende Eltern auf das Leben ihrer Kinder haben!

Ich selbst hatte keine guten Vorbilder fürs Elternsein, denn ich wuchs bei einer Mutter auf, die psychisch krank und sehr gewalttätig war. Über diese Misshandlungen und meine wunderbare Heilung von ihren Auswirkungen habe ich bereits in meinem Buch *Stormie* berichtet (SCM R.Brockhaus). Darin erzähle ich auch, dass ich durch mein erstes Kind Christopher erkannte, wie sehr ich in Gefahr stand, ebenfalls eine gewalttätige Mutter zu werden. Ich musste feststellen, dass wir dazu verurteilt sind, die Fehler unserer Vergangenheit zu wiederholen und nachzuahmen, was wir selbst erlebt haben, wenn wir versuchen, unsere Kinder ohne Gott zu erziehen.

In einem schwachen Moment kann eine Szene aus unserer eigenen Kindheit in unserem Gedächtnis aufblitzen und sich auf der Bühne unseres gegenwärtigen Lebens wiederholen – noch bevor uns bewusst wird, was geschehen ist. Das kann schneller gehen, als wir uns beherrschen können, und dann fügen wir unseren Kindern möglicherweise tiefe Schmerzen zu oder sagen ihnen vielleicht etwas wirklich Zerstörendes. Kommen dann unweigerlich Schuldgefühle hinzu, kann die ganze Situation lähmende Ausmaße annehmen. Glücklicherweise hatte ich gute Seelsorger und viel Unterstützung und konnte dieses Problem überwinden, bevor mein Kind Schaden nahm. Viele andere Menschen haben dieses Glück nicht.

Mir war schmerzlich bewusst, dass ich kein gutes Elternvorbild hatte, dem ich folgen konnte, und so war ich nervös und ängstlich, als mein erstes Kind geboren wurde. Ich befürchtete, ihm das Gleiche anzutun, was mir angetan worden war. Ich las jedes erdenkliche Buch zum Thema Kindererziehung und nahm an jedem christlichen Erziehungsseminar teil, das ich finden konnte. Mit all diesen guten und hilfreichen Informationen ausgestattet, versuchte ich, mein Bestes zu geben, doch es reichte nie aus. Ich machte mir unendliche Sorgen um das soziale, emotionale und mentale Wachstum meines Sohnes, doch vor allem fürchtete ich, dass ihm etwas Schlimmes zustoßen könnte. Entführung, Ertrinken, Unfälle mit entstellenden oder irreparablen Verletzungen, Krankheiten, sexuelle Belästigung, Missbrauch, Vergewaltigung und Tod – all das spielte sich vor meinem inneren Auge als potenzielle Gefahren für seine Zukunft ab. So sehr ich mich auch bemühte, auf dem Boden zu bleiben: Jeder Zeitungs- oder Zeitschriftenartikel und jeder Nachrichtenbeitrag im Fernsehen ließ in mir die Sorge um sein Wohlergehen anwachsen. Außerdem lebten wir damals in Los Angeles, einer Stadt mit einer extrem hohen Kriminalitätsrate. Für mich war das mehr, als ich verkraften konnte.

Eines Tages betete ich ganz verzweifelt: „Herr, das ist mir zu viel! Ich kann nicht rund um die Uhr jede Minute auf meinen Sohn aufpassen. Ich sehne mich so nach Frieden!"

In den nächsten Wochen machte Gott mir nach und nach klar, dass ich ihm Christopher anvertrauen muss. Mein Mann und ich hatten unseren Sohn in einem Gottesdienst segnen lassen, aber Gott wollte noch mehr. Er wollte, dass wir ihm Christopher Tag für Tag anvertrauen. Das bedeutete nicht, dass wir uns unserer Verantwortung als Eltern entzogen. Vielmehr sollten wir eine Partnerschaft mit Gott eingehen. *Er* würde unsere Last tragen und uns Weisheit, Kraft, Schutz und Fähigkeiten schenken, die weit über unsere eigenen Möglichkeiten hinausgingen. *Wir* würden unser Kind zurechtweisen, lehren, fördern und ihm helfen, „den richtigen Weg zu wählen" (Sprüche 22,6). Wir sollten uns darauf verlassen, dass Gott uns befähigt, unser Kind richtig zu erziehen, und er würde das Leben unseres Kindes segnen.

Ein wichtiger Teil unserer Aufgabe bestand darin, alle Bereiche im Leben unseres Kindes zu umbeten. Dabei lernte ich, alle Bedenken, Ängste, Sorgen oder mögliche Szenarien, die mir in den Sinn kamen, als Hinweis des Heiligen Geistes zu betrachten. Wenn ich dann für Christopher betete und ihn bewusst in Gottes Hände legte, nahm Gott mir die jeweilige Sorge ab. Das heißt nicht, dass ich, sobald ich einmal für etwas gebetet hatte, nie wieder dafür betete, doch wenigstens eine Zeitlang war ich die Last los. Wenn sie wieder auftauchte, betete ich erneut dafür. Gott versprach mir nicht, dass meinem Kind *nie* etwas Schlimmes passieren würde, doch durch das Beten vertraute ich sein Leben Gottes Kraft an, und damit kehrte in mir mehr Frieden ein.

Ich lernte auch, dass ich nicht versuchen sollte, meinem Kind im Gebet meinen Willen aufzuzwingen. Das führt nur zu Frust und Enttäuschung für alle Beteiligten. Sie wissen schon, welche Art von Gebet ich meine, denn wir alle sind dafür anfällig: „Gott, bitte schenk, dass mein Sohn einmal die Tochter meiner besten Freundin heiratet." *(Es wäre toll, ihre Eltern als angeheiratete Verwandtschaft zu haben.)* Oder: „Herr, bitte schenk, dass meine Tochter an dieser Schule angenommen wird." *(Das wäre gut für mein Selbstbewusstsein.)* Natürlich werden uns die Gedanken in Klammern vielleicht gar nicht bewusst, aber wir haben sie im Hinterkopf, und sie wollen uns dazu bringen, Gott unseren Willen aufzudrängen. Ich habe die Erfahrung gemacht, dass es besser ist zu beten: „Herr, bitte zeig mir, wie ich für dieses Kind beten soll. Hilf mir, es in deinem Sinn zu erziehen, und bitte lass deinen Willen in seinem Leben geschehen."

Als unsere Tochter Amanda viereinhalb Jahre nach Christopher geboren wurde, hatte Gott mir beigebracht, was es heißt, tiefgründig für das Leben meines Kindes zu beten. In den nächsten zwölf Jahren erlebte ich viele wunderbare Gebetserhörungen, und heute sehe ich die positiven Folgen.

Mein Mann und ich erkennen Gottes Wirken im Leben unserer Kinder, und sie erkennen es ebenfalls bereitwillig an. Wenn Eltern beten, wirkt Gottes Kraft im Leben ihrer Kinder.

Was ist Gebet, und wie „funktioniert" es?

Beten ist viel mehr, als eine Wunschliste bei Gott abzuliefern, so als wäre er der große himmlische Sponsor oder der Weihnachtsmann. Beten bedeutet, Gottes Gegenwart anzuerkennen, sie zu erleben und sie bewusst in unser Leben und unsere Situation einzubeziehen. Es bedeutet, Gottes *Gegenwart* zu suchen und

Gottes *Kraft* wirken zu lassen, die uns alles gibt, was nötig ist, um Probleme zu überwinden.

Die Bibel sagt: „Was ihr auf der Erde bindet, wird auch im Himmel gebunden sein, und was ihr auf der Erde löst, wird auch im Himmel gelöst sein" (Matthäus 18,18). Gott schenkt uns auf der Erde Vollmacht. Wenn wir diese Vollmacht in Anspruch nehmen, stellt Gott uns seine himmlische Kraft zur Verfügung. Weil es *Gottes* Kraft ist und nicht unsere, sind wir das Gefäß, durch das seine Kraft hindurchfließt. Wenn wir beten, lassen wir also diese Kraft auf alles einwirken, wofür wir beten, und wir erlauben Gottes Kraft, in unserer Kraftlosigkeit zu wirken. Wenn wir beten, werden wir demütig vor Gott und sagen: „Ich brauche deine Gegenwart und deine Kraft, Herr. Ich kann es nicht ohne dich." Wenn wir nicht beten, ist das so, als würden wir sagen: „Ich brauche nichts und niemanden außer mich selbst."

Im Namen von Jesus zu beten, ist wie ein Schlüssel zu Gottes Kraft. Jesus sagte: „Ich versichere euch: Dann könnt ihr selbst zum Vater gehen und ihn bitten, und er wird eure Bitte erfüllen, weil ihr in meinem Namen bittet" (Johannes 16,23). Im Namen von Jesus zu beten, gibt uns Vollmacht über den Feind und beweist unser Vertrauen darauf, dass Gott tut, was sein Wort verspricht. Gott kennt unsere Gedanken und Bedürfnisse, doch er antwortet auf unsere Gebete, denn er gibt uns immer eine Entscheidungsmöglichkeit – auch, ob wir ihm vertrauen und gehorchen, indem wir im Namen von Jesus beten.

Beten hat nicht nur Auswirkungen auf uns selbst, sondern auch auf diejenigen, für die wir beten. Wenn wir für unsere Kinder beten, bitten wir Gott, in ihrem Leben gegenwärtig zu sein und sich mit seiner Macht für sie einzusetzen. Das heißt nicht, dass es immer *sofort* eine Antwort geben wird. Manchmal dauert es Tage, Wochen, Monate oder sogar Jahre. Doch unsere Gebete sind niemals vergeblich oder bedeutungslos. Wenn wir beten, geschieht etwas, ob wir es sehen können oder nicht. Die Bibel sagt: „Das Gebet eines gerechten Menschen hat große Macht und kann viel bewirken" (Jakobus 5,16). Alles, was in unserem Leben und im Leben unserer Kinder geschehen muss, kann nicht ohne Gottes Gegenwart und Macht geschehen. Das Gebet ist Türöffner und Zündfunke für beides.

Beten – ganz persönlich

Ich fing bereits an, für meine Kinder zu beten, als sie noch gar nicht geboren waren, denn in der Bibel heißt es: Er hat „deine Kinder gesegnet in deiner Mitte" (Psalm 147,13; ELB). Ich glaubte an die Macht des Gebetes, aber mir war damals noch nicht bewusst, wie wichtig Gott jede Einzelheit unseres Lebens ist. Es reicht nicht aus, nur für unsere momentanen Belange zu beten; wir sollen auch für die Zukunft beten und vielleicht sogar gegen die Auswirkungen vergangener Ereignisse anbeten. Als König David bedrückt über die Sünde in seinem Leben war und Angst vor deren zukünftigen Folgen hatte (Psalm 143), sagte er nicht einfach: „Es wird halt, wie es wird." Er brachte Gott im Gebet die Vergangenheit, Gegenwart und Zukunft seines Lebens. Er betete für *alles*. Genau das sollen wir auch tun.

Eine gute Hilfe war dabei für mich, für jedes Kind eine ausführliche persönliche „Gebetsliste" anzulegen. Das habe ich nicht gemacht, weil ich dachte, dass Gott sich nicht um Details kümmert, für die ich zu beten vergesse. Es verschaffte mir einfach mehr inneren Frieden, wenn ich wusste, dass Gott alle meine vielen Anliegen gehört hat. Einmal im Jahr, wenn wir in den Urlaub ans Meer fuhren, stand ich daher sehr früh auf und entwarf mit Gott zusammen eine Gebetsliste. Ich saß da, Papier und Bleistift in der Hand, schaute aufs Meer hinaus und bat Gott, mir zu zeigen, wie ich in den nächsten zwölf Monaten für jedes meiner Kinder beten soll. Immerhin war er der Einzige, der wirklich wusste, was meine Kinder brauchten und vor welchen Herausforderungen sie in der Zukunft stehen würden. In der Bibel heißt es: „Der Herr zieht ins Vertrauen, die ihn fürchten" (Psalm 25,14; ELB). Er zeigt uns Dinge, wenn wir ihn darum bitten. Gott hat mir in diesen Zeiten immer gute Anweisungen gegeben, und ich fuhr mit Gebetslisten für meine Kinder nach Hause. Über das Jahr hinweg fügte ich dann bei Bedarf Punkte hinzu.

Viele dieser Listen habe ich aufgehoben, und wenn ich sie heute anschaue, kann ich viele Gebetserhörungen erkennen. Es ist überwältigend, wie treu Gott im Leben unserer Kinder wirkt, wenn wir für sie beten.

Gottes Wort – Schutz und Hilfe

Die großen Kämpfe für das Leben unserer Kinder werden auf den Knien ausgefochten. Wenn wir nicht beten, ist das so, als säßen wir auf der Zuschauerbank, während unsere Kinder auf einem Schlachtfeld von allen Seiten unter Beschuss stehen. Wenn wir aber beten, stellen wir uns im Kampf neben sie und nehmen Gottes Wort für sie in Anspruch. Wenn wir uns im Gebet auf Gottes Wort berufen, ist das eine Waffe, gegen die kein Feind ankommt.

In Hebräer 4,12 heißt es: „Das Wort Gottes ist lebendig und wirksam. Es ist schärfer als das schärfste Schwert", und es durchbohrt alles, womit es in Berührung kommt. Gott sagt, sein Wort „wird nicht ohne Frucht zurückkommen, sondern es tut, was ich will und richtet aus, wofür ich es gesandt habe“ (Jesaja 55,11). Mit anderen Worten: Gottes Wort ist niemals unwirksam, und es bleibt nie ohne Frucht. Darum habe ich zu jedem Beispielgebet eine Reihe von Bibelversen angegeben. Binden Sie in Ihr Gebet für Ihr Kind einen passenden Bibelvers ein. Falls Ihnen beim Beten kein Vers einfällt, lassen Sie sich davon nicht aufhalten; aber versuchen Sie, so oft wie möglich Bibelverse in Ihr Gebet einzubeziehen. Die Wirkung wird nicht ausbleiben.

Sicher werden Sie beim Bibellesen in Ihrer persönlichen Stillen Zeit und beim Beten für Ihre Kinder unter der Führung des Heiligen Geistes noch viele weitere Bibelstellen entdecken. Es muss auch nicht für jedes Gebet ein anderer Vers sein. In manchen Phasen werden Ihnen vielleicht wiederholt ein oder zwei Verse beim Beten für Ihr Kind wichtig. Meine Tochter hatte eine Weile große Probleme in der Schule. Wenn wir dann zusammen dafür beteten, ermutigte ich sie, Philipper 4,13 in ihr Gebet einzuschließen: „Denn alles ist mir möglich durch Christus, der mir die Kraft gibt, die ich brauche.“ Wenn ich allein für die Probleme meiner Tochter betete, zitierte ich oft Psalm 34,17: „Der Herr beschützt die, die das Rechte tun, und er wird ihre Hilferufe hören.“

Wenn wir mit Gottes Wort beten, nehmen wir bewusst seine Versprechen an uns in Anspruch und wenden sie auf das Leben unserer Kinder an. Durch sein Wort führt Gott uns, spricht zu uns und erinnert uns daran, dass er treu ist. So baut er Glauben in *unserem* Herzen auf und befähigt uns, *sein* Herz zu verstehen. Das hilft uns, mutig und voller Glauben zu beten, weil wir *seine* Wahrheit, *seinen* Willen und *unsere* Vollmacht kennen.

Wenn Jesus mit dem Teufel sprach, wies er ihn immer zurecht. Manchmal zitierte er dabei Verse aus der Heiligen Schrift. Als der Satan zu Jesus sagte: „Das alles werde ich dir schenken, wenn du niederkniest und mich anbetest“, erwiderte Jesus: „In der Schrift steht: Du sollst den Herrn, deinen Gott, anbeten und nur ihm allein dienen“ (Lukas 4,7-8).

Jesus ist unser Vorbild. Wir sollen ihn beobachten und tun, was er tut. Er sagte: „Ich versichere euch: Wer an mich glaubt, wird dieselben Dinge tun, die ich getan habe, ja noch größere, denn ich gehe, um beim Vater zu sein“ (Johannes 14,12). Jesus sagte außerdem: „Wenn ihr mit mir verbunden bleibt und meine Worte in euch bleiben, könnt ihr bitten, um was ihr wollt, und es wird euch gewährt werden“ (Johannes 15,7). Wir können dem Teufel besser widerstehen, wenn wir so zu Gott beten, wie er es uns in der Bibel aufträgt, und wenn wir verstehen, welche Kraft und Vollmacht uns durch Jesus Christus gegeben ist. Wenn wir ihn *beobachten*, ihm *folgen*, auf ihn *warten*, ihn *anbeten* und *in seinem Wort leben*, können wir den Kampf um unsere Kinder *gewinnen*.

Wenn wir für unser Kind beten, müssen wir so beten, als ginge es um sein Leben – denn genau so ist es. Wir dürfen nicht vergessen, dass Gott zwar einen perfekten Plan für das Leben unserer Kinder hat, doch der Satan hat ebenfalls einen Plan für sie. Er will sie zerstören und wird es mit allen Mitteln versuchen: Drogen, Sex, Alkohol, Auflehnung, Unfälle, Krankheiten. Doch mit nichts von alledem kann er zum Ziel kommen, wenn sein Einfluss durch Gebet gebrochen wird. In der Bibel heißt es: „Niemand kann in das Haus eines starken Mannes eindringen und ihn ausrauben, ohne ihn zuvor zu fesseln. Erst dann kann man sein Haus ausplündern“ (Matthäus 12,29). Mit anderen Worten: Wir können auf dem Territorium des Teufels nichts bewirken, wenn wir nicht klarstellen, *wer* eigentlich die Macht hat, und ihm so seinen Einfluss beschneiden. Und so können wir ihm auch den Zugriff auf das Leben unserer Kinder verbieten.

Natürlich kann der Satan viel Schaden anrichten, wenn wir unseren Kindern nicht beibringen, nach Gottes Willen zu leben, wenn wir ihnen Gottes Wort nicht nahebringen, wenn wir ihnen nicht helfen, Gottes Gesetze zu respektieren, und wenn wir sie nicht zurechtweisen, anleiten und ihnen helfen, Entscheidungen zu treffen, die in Gottes Sinn sind. Die Bibel sagt uns: „Lehre dein Kind, den richtigen Weg zu wählen, und wenn es älter ist, wird es auf diesem Weg bleiben" (Sprüche 22,6). Wenn wir das nicht tun, kann es sein, dass unsere Kinder gegen Gott rebellieren und Entscheidungen treffen, die sie aus Gottes Schutzbereich wegführen. Durch Gebet und Unterweisung unserer Kinder in Gottes Wort und Willen können wir dazu beitragen, dass dies nicht geschieht und dass Gottes Plan sich durchsetzt – nicht der des Teufels. In der Bibel heißt es: „Widersteht dem Teufel, und er wird euch verlassen" (Jakobus 4,7). Gegen Satans Pläne anzubeten ist eine Möglichkeit, solchen Widerstand zu leisten. Wenn wir ihm stellvertretend für unsere Kinder widerstehen, verschaffen wir ihnen damit die Freiheit, Entscheidungen zu treffen, die in Gottes Sinn sind.

Der Satan wird immer versuchen, unsere Kinder niederzumachen und Zugriff auf ihr Leben zu gewinnen. Wenn wir aber mit Gottes Wort „bewaffnet" sind, muss er gegen Gottes Wort kämpfen. Die Bibel sagt: „Die Rettung und die Kraft und das Reich unseres Gottes und die Macht seines Christus sind da! Denn der Ankläger unserer Brüder, der sie Tag und Nacht vor unserem Gott verklagte, wurde auf die Erde hinabgeworfen" (Offenbarung 12,10). Jesu Tod am Kreuz hat dem Verkläger das Rückgrat gebrochen, doch der Böse wird trotzdem versuchen, alle in Bedrängnis zu bringen, die nicht wissen, welche Vollmacht Gott ihnen geschenkt hat. Darum müssen wir beten. Unsere Kinder werden unter Beschuss bleiben, bis wir die Stellungen des Verklägers im Gebet durchbrechen und mit Gottes Wort seine Angriffe abschmettern.

Gebetserhörungen

Als unser Sohn etwa zwei Jahre alt war, begannen mein Mann und ich bei uns zu Hause mit regelmäßigen Gebetstreffen. Unsere Gemeinde hatte Hauskreise organisiert, und wir leiteten einen davon. Nach und nach wurde uns klar, dass die Bedürfnisse unserer Gruppe zu groß waren, als dass wir sie in einem Treffen pro Monat bewältigen konnten. So trafen wir uns an einem zusätzlichen Abend im Monat nur zum Beten mit den Erwachsenen. An diesem Abend beteten wir für alle möglichen Belange, doch die Masse der Anliegen, die wir für unsere Kinder auf dem Herzen hatten, war enorm. Dadurch gewann ich den Eindruck, dass wir einen ganzen Tag nur dem Gebet für jedes unserer Kinder widmen sollten. Dieser Fürbittentag, den wir „Gebet für das Leben unserer Kinder" nannten, wurde so beliebt, dass wir ihn immer wieder wiederholt haben.

Die Grundlage für dieses Buch entstand also vor über dreißig Jahren in genau jenen Gebetsgruppen. Keiner von uns hatte eine Ahnung, wie wichtig diese Treffen werden würden. Wir folgten einfach Gottes Führung und lernten, für unsere Kinder zu beten – und wir freuten uns gemeinsam, wenn wir die vielen Antworten auf unsere Gebete sahen. (Im Anhang „Gemeinsam mit anderen Eltern beten" finden Sie Vorschläge, wie Sie eigene Fürbittengruppen für Ihre Kinder gestalten können.) Die gute

Nachricht ist, dass wir in all den Jahren, seit wir begannen, für diese Kinder zu beten, kein einziges Kind verloren haben – weder durch Krankheit oder Unfälle noch durch Abkehr von Gott oder die Pläne des Feindes. Das ist ein Wunder!

In der Bibel lesen wir: „Wenn zwei von euch hier auf der Erde darin eins werden, eine Bitte an Gott zu richten, dann wird mein Vater im Himmel diese Bitte erfüllen" (Matthäus 18,19). An anderer Stelle heißt es, dass ein Einziger tausend Feinde in die Flucht schlagen kann und zwei zehntausend (5.Mose 32,30). Man braucht kein Mathegenie zu sein, um sich vorzustellen, wie viel Einfluss zehn bis zwölf Eltern haben können, wenn sie im Gebet zusammenstehen und ihre Kinder vor Gott bringen.

In dem Bibelvers, den ich als roten Faden für dieses Buch verwendet habe, fordert Gott uns auf: „Schütte dem Herrn dein Herz aus wie Wasser. Heb deine Hände wegen deiner Kinder zu ihm auf" (Klagelieder 2,19). Kann man noch deutlicher sagen, dass wir *eindringlich* und *leidenschaftlich* für unsere Kinder beten und uns auf die Erhörung dieser Gebete freuen sollen?

In den letzten fünfunddreißig Jahren haben wir in unserer Gebetsgruppe so viele Antworten auf Gebete erlebt, dass ich allein darüber ein ganzes Buch schreiben könnte. Die beteiligten Eltern und Kinder können es bezeugen. Doch ein Beispiel ist mir noch ganz besonders gegenwärtig, weil es von unserem *allerersten* Gebetstreffen stammt und ein dringendes Anliegen für uns alle in der Gruppe war.

Nancy, eine alleinerziehende Mutter, bat um Gebet für ihre Tochter Janet. Janet kannte Jesus, entfernte sich aber immer weiter von ihm, weil sie wegen der Scheidung ihrer Eltern enorm enttäuscht und verletzt war. Wir beteten unter anderem konkret um Schutz für Janet, denn wir wussten, dass sich Kinder, die sich bewusst von Gott und seinem Segen entfernen, damit allen möglichen Gefahren aussetzen. Einige Wochen nach diesem Gebetstreffen war Janet spätabends mit dem Auto auf der Schnellstraße unterwegs, als ein betrunkener Autofahrer in der falschen Richtung auf die Straße auffuhr und bei voller Geschwindigkeit frontal mit Janets Wagen zusammenprallte. Die Ärzte sagten, es sei ein Wunder, dass sie überlebt hatte, doch sie trug schwere Verletzungen an Kopf, Nacken, Schultern und Rücken davon.

Durch anhaltendes Gebet und Physiotherapie wurde Janet schließlich wieder voll hergestellt – körperlich und geistlich. Sie und ihre Mutter und alle, die damals gebetet haben, sind der Überzeugung, dass sie nicht mehr leben würde, wenn wir nicht vor dem Unfall um Schutz für ihr Leben gebetet hätten. Heute ist Janet glücklich verheiratet, hat selbst eine hübsche Tochter und folgt Jesus von ganzem Herzen nach. Acht Jahre lang arbeitete sie als unsere Sekretärin und Assistentin und wird immer unsere wunderbarste Erinnerung daran bleiben, was das Gebet von Eltern bewirken kann.

Wenn die Antworten ausbleiben

Das wahrscheinlich Schwerste beim Beten für unsere Kinder ist das Warten auf Gottes Antwort. Manchmal kommt sie schnell, oft aber nicht. Wenn die Antworten ausbleiben, werden wir schnell entmutigt, verzweifeln oder sind wütend auf Gott. Alles scheint hoffnungslos, und wir würden am liebsten aufgeben. Trotz allem, was wir für unsere Kinder tun, und trotz all unserer Gebete für sie treffen sie manchmal schlechte Entscheidungen und müssen dann die Konsequenzen tragen. Solche Situationen sind für Eltern schwer auszuhalten, ganz gleich, wie alt das Kind ist.

Wenn Ihr Kind schlechte Entscheidungen getroffen hat, machen Sie sich keine Vorwürfe und hören Sie nicht auf zu beten. Halten Sie die Tür für Ihr Kind immer offen, beten Sie weiter für Ihren Sohn oder Ihre Tochter und berufen Sie sich auf Gottes Wort. Statt aufzugeben ist es besser, ganz bewusst *noch mehr* zu beten. Beten Sie zusammen mit anderen Christen. Weichen Sie nicht von der Stelle und sagen Sie: „Ich habe gerade erst angefangen zu kämpfen." Vergessen Sie dabei nicht, dass *Ihr* Anteil des Kampfes im Beten besteht, während *Gott* derjenige ist, der die eigentliche Schlacht schlägt. Denken Sie auch daran, dass Sie nicht gegen Ihr Kind kämpfen, sondern gegen den Teufel. *Er* ist der Feind, nicht Ihr Kind. Halten Sie im Gebet durch, bis ein Durchbruch im Leben Ihres Kindes erkennbar wird.

Eine sehr ermutigende Bibelstelle in diesem Zusammenhang stammt von König David. Er sagte: „Ich habe meine Feinde verfolgt und eingeholt, ich gab nicht auf, bis sie besiegt waren. Ich schlug sie, sodass sie nicht mehr aufstehen konnten und mir zu Füßen lagen. Du hast mir Kraft für den Kampf gegeben und mir meine Feinde unterworfen" (Psalm 18,38-40). Er gab nicht auf, bis die Schlacht geschlagen war. Auch wir sollten nicht aufgeben, sondern weiterbeten, bis wir eine Antwort haben.

Falls Sie Gott oder Ihrem Kind gegenüber Wut oder Unversöhnlichkeit empfinden – ja, sogar liebende Eltern können solche Gefühle haben! –, dann sagen Sie es Gott ganz ehrlich. Wenn Sie enttäuscht und hoffnungslos sind, dann sprechen Sie auch das deutlich aus. Bringen Sie alle Ihre Gefühle ehrlich zu Gott, bitten Sie um Vergebung und fragen Sie ihn, wie Ihr nächster Schritt aussehen soll. Lassen Sie sich bitte vor allem nicht aus Enttäuschung über unbeantwortete Gebete vom Beten abhalten.

„Betend", nicht „perfekt"

Wenn im Leben unserer Kinder etwas schiefläuft, geben wir uns selbst die Schuld daran. Wir machen uns Vorwürfe, weil wir keine perfekten Eltern sind. Doch wir bewirken im Leben unserer Kinder nicht dadurch etwas, dass wir perfekt sind, denn perfekte Eltern gibt es nicht. Kein Mensch ist perfekt; wie sollten wir dann perfekte Eltern sein können? Nein, nur *betende* Eltern bewirken etwas. Und mehr schaffen wir manchmal auch nicht. Wir müssen noch nicht einmal die Eltern des betreffenden Kindes sein. Wir können Freund oder Freundin sein, Nachbar, Betreuer oder sogar ein Fremder, der ein mitfühlendes Herz hat oder dem ein Kind besonders am Herzen liegt. Dabei kann es sich um ein Kind handeln, von dem wir gehört oder in der Zeitung gelesen haben. Das Kind kann sogar ein Erwachsener sein, dem wir mütterlich oder väterlich zugeneigt sind.

Wenn Sie von einem Kind wissen, das keine betenden Eltern hat, können Sie in die Bresche springen und die Lücke ausfüllen. Sie können das Leben jedes Kindes, das Ihnen am Herzen liegt, positiv beeinflussen. Sagen Sie einfach: „Gott, bitte zeig mir, wie ich beten soll, um etwas im Leben dieses Kindes zu bewirken." Fangen Sie ruhig mit den Gebeten in diesem Buch an und warten Sie ab, wohin der Heilige Geist Sie führt.

Am Ende jedes Kapitels habe ich Gebete aufgeschrieben, die Sie einfach mitbeten können. Vielleicht nehmen Sie sich die einunddreißig Gebete über einen Monat vor, oder vielleicht möchten Sie sich lieber jede Woche auf Ihr momentan dringendstes Anliegen konzentrieren, bis Sie sich frei fühlen, zu einem anderen überzugehen.

Wiederholen Sie diese Gebete, so oft Sie wollen. Gott hat nicht gesagt: „Komm ja nicht immer wieder mit der gleichen

Bitte zu mir." Vielmehr trägt er uns auf, im Gebet nicht nachzulassen; doch unsere Gebete sollten auch keine leeren Wiederholungen sein.

Sie brauchen keinen Zeitplan einzuhalten oder genau diese Gebete zu beten. Sie sind einfach ein Leitfaden, um in Gang zu kommen. Beginnen Sie damit, sich Gott unterzuordnen und ihn zu bitten, dass er Ihnen hilft, eine solche Mutter bzw. ein solcher Vater zu sein, wie er es sich wünscht. Beten Sie so, wie der Heilige Geist *Sie* führt. Hören Sie auf sein Reden in *Ihrem* Herzen und für *Ihr* Kind.

Ich freue mich darauf, von Ihren Gebetserhörungen zu erfahren!

Gebet

Herr, ich ordne mich dir bewusst unter. Es geht über meine menschlichen Fähigkeiten hinaus, mein Kind so zu erziehen, wie du es dir wünschst, das ist mir bewusst. Ich weiß, dass ich deine Hilfe brauche. Mit dir zusammen und durch die Weisheit, Einsicht, Offenbarung und Leitung, die du gibst, möchte ich diese Aufgabe angehen. Ich brauche auch deine Kraft und Geduld, ebenso wie eine ordentliche Portion von deiner Liebe, die durch mich hindurchfließt.

Bitte lehre mich, so zu lieben, wie du liebst. Wo ich selbst Heilung, Rettung, Veränderung, Reife oder Ergänzung brauche, da bitte ich dich um dein Eingreifen und Wirken. Hilf mir, gerecht und aufrichtig vor dir zu leben. Lass mich erkennen, was du willst. Befähige mich, deinen Geboten zu gehorchen und nur das zu tun, was dir gefällt.

Bitte hilf mir, dass die Schönheit deines Geistes deutlich in mir zu sehen ist, damit ich ein Vorbild nach deinem Willen sein kann. Bitte mach mich zu der Mutter (dem Vater), die (der) ich nach deinem Willen sein soll. Lehre mich zu beten und in Fürbitte für das Leben dieses Kindes einzutreten.

Herr, du hast in deinem Wort gesagt: „Wenn ihr glaubt, werdet ihr alles bekommen, worum ihr im Gebet bittet" (Matthäus 21,22). Ich bitte dich im Namen von Jesus, dass du meinen Glauben stärkst, damit ich genug Vertrauen für all die Gebetsanliegen habe, die du mir für dieses Kind ans Herz gelegt hast.

Das bete ich im Namen von Jesus.

Kraft aus Gottes Wort

Nicht ihr habt mich erwählt, ich habe euch erwählt.
Ich habe euch dazu berufen, hinzugehen und Frucht zu tragen,
die Bestand hat, damit der Vater euch gibt, um was immer ihr
ihn in meinem Namen bittet.

Johannes 15,16

Ein gottesfürchtiger Mensch führt ein vorbildliches Leben;
durch ihn werden seine Kinder gesegnet sein.

Sprüche 20,7

Ihr dürft in meinem Namen um alles bitten, und ich werde
eure Bitten erfüllen, weil durch den Sohn der Vater
verherrlicht wird. Bittet, um was ihr wollt, in meinem Namen,
und ich werde es tun!

Johannes 14,13-14

Seid nicht ungerecht gegen eure Kinder. Erzieht sie vielmehr
mit Disziplin und zeigt ihnen den richtigen Weg,
so wie es Christus entspricht.

Epheser 6,4

Setzt den Helm eurer Rettung auf und nehmt das Wort Gottes,
euer Schwert, das der Geist euch gibt. Betet immer
und in jeder Situation mit der Kraft des Heiligen Geistes.
Bleibt wachsam und betet auch beständig für alle,
die zu Christus gehören.

Epheser 6,17-18

KAPITEL 2

Mein Kind in Gottes Händen

Als mein erstes Kind Christopher geboren wurde, hatte ich keinen Frieden, weil ich mir um alles Sorgen machte. Ich hatte Angst, jemand könnte ihn fallen lassen. Ich hatte Angst, er könnte in der Badewanne ertrinken oder todkrank werden. Ich hatte Angst, dass ich vergesse, ihn zu füttern. Ich hatte Angst, er könnte von einem Hund gebissen, bei einem Autounfall verletzt oder entführt werden. Ich hatte Angst, er könnte uns verloren gehen. Mehr aus Verzweiflung als aus Gehorsam betete ich deswegen zu Gott. Er erinnerte mich sofort daran, dass Christopher sein Geschenk an uns war und dass unser Sohn *ihm* noch mehr am Herzen lag als uns. Dann wurde ich an die Aufforderung aus der Bibel erinnert: „Überlasst all eure Sorgen Gott, denn er sorgt sich um alles, was euch betrifft" (1.Petrus 5,7), und das tat ich auch.

„Herr, mein Sohn ist die größte ‚Sorge', die ich habe, und ich lege ihn in deine Hände. Nur du kannst ihn richtig erziehen und wirklich schützen. Ich werde nicht mehr versuchen, alles selbst zu schaffen, sondern ich will mit dir zusammenarbeiten."

Von da an begann ich, wenn ich vor irgendetwas Angst bekam, dies als Signal zum Beten zu betrachten – und zwar so lange zu beten, bis ich Frieden hatte. Wenn der Frieden sich nicht gleich einstellte, betete ich mit einem oder mehreren Gebetspartnern weiter, bis es soweit war. Täglich legte ich Gott meinen Sohn in die Hände und bat ihn, die Verantwortung für sein Leben zu übernehmen. Das nahm den Druck von mir, und ich konnte das Muttersein viel mehr genießen.

Über die Jahre habe ich so oder so ähnlich für alle meine Kinder gebetet. Ich betete am ersten Sonntag, an dem ich sie in der Kirche in der „Krabbelstube" ließ. Ich betete, wenn sie über Nacht bei einem Babysitter blieben. Ich betete an dem Tag, an dem sie in die Vorschule kamen; immer dann, wenn ich sie in einem Operationssaal zurücklassen musste, damit der Arzt ihre Wunden nähen konnte; wenn sie das erste Mal ein Wochenende bei Freunden übernachteten; in den Wochen, in denen sie auf Klassenfahrt waren; wenn sie ins Ferienlager fuhren; an dem Morgen, als mein Sohn zum ersten Mal allein das Auto unserer Familie fuhr; und jedes Mal, wenn Christopher Football spielte.

Ich musste meinen Sohn in Gottes Hände legen, als er zum Studium fortging. In den Monaten vor dieser Trennung weinte ich oft, weil mir klar wurde, dass unser Leben sich für immer ändern würde. Dann, kurz vor dem großen Tag, machte mir Gott einen Bibelvers ganz neu wichtig: „Ihr werdet in Freude ausziehen und in Frieden geleitet werden. Die Berge und Hügel werden jubelnd vor euch singen" (Jesaja 55,12). Außerdem schenkte mir Gott die Erkenntnis und die Zusicherung, dass nach dem ersten Trennungsschmerz, wenn wir unsere Kinder freigeben müssen, für sie und uns Freude und Frieden einkehren. Wir dürfen wissen: Wenn wir unsere Kinder Gott in die Hände legen, sind sie in *guten* Händen – ganz gleich, in welcher Phase ihres Lebens. Wir wissen, dass sie in Freude und Frieden gehen und Gott ihnen den Weg ebnen wird. Das Gleiche wird er auch für uns tun. Gibt es einen größeren Trost? An dem Tag, als wir mit Christopher zu seiner Universität fuhren, um ihm beim Einzug ins Studentenwohnheim zu helfen, hatte ich deshalb die Freude und den Frieden, die nur Gott geben kann, und ich konnte förmlich die Berge und Hügel singen hören.

Wenn ich darüber nachdenke, fällt mir auch immer die biblische Geschichte von Hanna ein, die Gott um einen Sohn bat. Gott erhörte ihr Gebet, und sie bekam Samuel. Danach sagte sie: „Ich habe den Herrn gebeten, mir dieses Kind zu schenken, und er hat meine Bitte erfüllt. Jetzt gebe ich ihn dem Herrn, und er soll ihm sein ganzes Leben lang gehören" (1.Samuel 1,27-28).

Dieses „dem Herrn geben" ging bei Hanna so weit, dass sie Samuel zum Haus des Herrn brachte, als er nicht mehr gestillt wurde. Dort sollte er bei dem Priester Eli leben. Damit erfüllte sie ihr Gelübde, das sie Gott gegeben hatte. Aber machen Sie sich keine Sorgen: Gott wird nicht von Ihnen verlangen, Ihr Kind im Kirchenbüro abzugeben, damit der Pastor und seine Frau es großziehen. Das Entscheidende war, dass Hanna ihr Kind Gott in die Hände legte und dann das tat, was Gott ihr auftrug. Am Ende wurde Samuel einer der wichtigsten Propheten Gottes.

Wir sollten nicht versuchen, Gott in dem zu begrenzen, was er bei unseren Kindern bewirken kann, indem wir sie an uns klammern und versuchen, sie allein großzuziehen. Wenn wir nicht ganz sicher wissen, dass Gott das Leben unserer Kinder unter Kontrolle hat, wird uns die Angst beherrschen. Aber wir können nur sicher sein, dass *Gott* die Fäden in der Hand hält, wenn *wir* loslassen und ihm vollen Zugriff auf das Leben unserer Kinder geben. Das ist nur möglich, wenn wir seinem Wort und Willen entsprechend leben und mit allem im Gebet zu ihm kommen. Wir dürfen darauf vertrauen, dass Gott besser für unsere Kinder sorgen kann als wir. Wenn wir sie in die Hände des Vaters legen und anerkennen, dass er sowohl *ihr* als auch *unser*

Leben im Griff hat, werden wir und unsere Kinder mehr Frieden haben.

Wir können nicht überall sein – Gott schon. Wir können nicht alles sehen – Gott schon. Wir können nicht alles wissen – Gott schon. Ganz gleich, wie alt unsere Kinder sind: sie in Gottes Hände zu legen, ist ein Zeichen unseres Glaubens und Vertrauens zu ihm und der erste Schritt, positiven Einfluss auf ihr Leben zu nehmen. An dieser Stelle beginnt das Gebet für unsere Kinder.

Gebet

Herr, ich komme im Namen von Jesus zu dir und gebe dir *(hier den Namen des Kindes einsetzen)*. Ich bin davon überzeugt, dass du allein weißt, was für ihn/sie am besten ist. Du allein weißt, was er/sie braucht. Ich lege ihn/sie in deine Hände. Bitte sorge für ihn/sie und beschütze ihn/sie. Ich will für alles beten, was du mir in Bezug auf ihn/sie ans Herz legst oder was mir einfällt. Bitte lehre mich zu beten und zeig mir, wofür ich beten soll. Hilf mir bitte, ihm/ihr nicht meinen Willen aufzuzwingen, wenn ich für ihn/sie bete, sondern mach mich fähig, dafür zu beten, dass in seinem/ihrem Leben dein Wille geschieht.

Danke, dass ich ihn/sie zusammen mit dir großziehen darf und es nicht allein schaffen muss. Ich bin dankbar, dass ich nicht auf die unzuverlässigen und wechselhaften Erziehungsmethoden der Welt angewiesen bin, sondern in deinem Wort klare Anweisungen bekomme und Weisheit, wenn ich dich im Gebet um Antworten bitte.

Danke, Herr, für das kostbare Geschenk, das dieses Kind ist. Weil dein Wort sagt, dass jedes gute Geschenk von dir kommt, weiß ich, dass du mir ihn/sie anvertraut hast, damit ich ihn/sie versorge und erziehe. Bitte hilf mir dabei. Zeig mir, wo ich immer noch an ihm/ihr festhalte, und mach mich fähig, ihn/sie deinem Schutz, deiner Leitung und deinem Rat zu überlassen. Bitte hilf mir, nicht in Angst vor möglichen Gefahren zu leben, sondern in der Freude und dem Frieden zu wissen, dass du alles unter Kontrolle hast. Ich möchte alles von dir erwarten und vertraue dir heute mein Kind an. Ich lege es in deine Hände.

Das bete ich im Namen von Jesus.

Kraft aus Gottes Wort

Wenn ihr, die ihr Sünder seid, wisst, wie man seinen Kindern Gutes tut, wie viel mehr wird euer Vater im Himmel denen, die ihn darum bitten, Gutes tun.

Matthäus 7,11

Die Gnade des Herrn aber gilt bis in alle Ewigkeit allen, die ihm gehorsam sind. Seine Gerechtigkeit reicht bis zu den Kindern seiner Kinder, die seinem Bund treu sind und seinen Geboten gehorchen!

Psalm 103,17-18

Sie werden sich nicht vergeblich abmühen und keine Kinder gebären, die gleich danach sterben, denn es sind Kinder von Menschen, die der Herr gesegnet hat und deren Babys Anteil am Segen Gottes haben.

Jesaja 65,23

Kinder sind ein Geschenk des Herrn, mit ihnen belohnt er die Seinen.

Psalm 127,3

Und wir werden von ihm bekommen, was immer wir erbitten, weil wir ihm gehorchen und tun, was ihm Freude macht.

1. Johannes 3,22

KAPITEL 3

Gebet um Bewahrung

Am nachdrücklichsten und eindringlichsten beten wir oft, wenn es um Schutz für unsere Kinder geht. Es ist schwer, an andere Aspekte ihres Lebens zu denken, wenn wir uns Sorgen um ihre persönliche Sicherheit machen. Wie können wir auch für zukünftige Ereignisse beten, wenn wir uns sorgen, ob sie überhaupt eine Zukunft haben?

In den ersten siebzehn Jahren im Leben meines Sohnes und den ersten zwölf Jahren im Leben meiner Tochter hatte ich guten Grund, um ihre Sicherheit zu fürchten, denn wir lebten damals in Los Angeles. In diesen Jahren stieg die Kriminalitätsrate ständig an, und selbst unsere „gute" Wohngegend schützte uns nicht davor. Also betete ich jeden Tag um Gottes Schutz. Ich fing sogar schon vor der Geburt meiner Kinder an, dafür zu beten, dass Gott sie vor dem plötzlichen Kindstod oder gefährlichen Kinderkrankheiten bewahrt. Als sie älter wurden, betete ich für Schutz vor Gewalt, sexuellen Übergriffen und Unfällen. Ich betete allein, mit meinem Mann und mit meinen Gebetspartnern: „Behüte (sie) wie einen Augapfel und gib (ihnen) Zuflucht unter dem Schatten deiner Flügel. Beschütze (sie) vor den gottlosen Menschen, die (sie) vernichten wollen, und vor (ihren) Feinden, die (ihnen) von überall her nachstellen" (Psalm 17,8-9).

Beide Kinder hatten ihren Teil an Schrammen, kleineren

Schnittwunden und anderen normalen Verletzungen, die sich Kinder eben zuziehen. Einige davon mussten im Krankenhaus versorgt und genäht werden. Doch meinen Kindern stieß nichts zu, das auch nur annähernd bleibende Schäden hinterlassen hätte oder wirklich ernst war. Das blieb so bis zu jenem Autounfall, von dem mein Sohn im Vorwort zu diesem Buch erzählt hat.

Eines Morgens, kurz nachdem der fünfzehnjährige Christopher und die zehnjährige Amanda von ihren üblichen Fahrgemeinschaften zur Schule abgeholt worden waren, bekam ich den Anruf, den alle Eltern fürchten: „Mrs. Omartian, ihrem Sohn geht es gut, aber er war in einen schweren Autounfall verwickelt und ist im Krankenhaus. Es war fast ein Frontalzusammenstoß, und keiner der drei Jungen im Wagen war angeschnallt."

Auf dem Weg zum Krankenhaus beteten mein Mann und ich für die drei Jungen. Dabei erinnerte ich mich an all die Situationen, in denen wir Christopher die Hände aufgelegt und dafür gebetet hatten, dass er vor Autounfällen bewahrt blieb. Mir fiel die Bibelstelle ein, die wir oft über ihm ausgesprochen hatten: „Denn er befiehlt seinen Engeln, dich zu beschützen, wo immer du gehst. Auf Händen tragen sie dich, damit du deinen Fuß nicht an einen Stein stößt" (Psalm 91,11-12). Gott erhört Gebete, und seine Verheißungen sind wahr. Das wusste ich. Wenn Christopher einen Autounfall hatte, hatten Gott und seine Engel ihn dabei beschützt. Dann erinnerte ich mich auch daran, was die Bibel an einer Stelle über den Menschen sagt, der Gott fürchtet: „Er fürchtet sich nicht vor schlechter Nachricht, sondern vertraut fest darauf, dass der Herr für ihn sorgt" (Psalm 112,7). Ich begann, den Frieden Gottes zu spüren, der alles Verstehen übersteigt.

Als wir im Krankenhaus eintrafen, erfuhren wir, dass Christopher auf der Rückbank gesessen hatte, mit einer großen Sporttasche voller Football-Trikots auf dem Schoß. Dadurch war sein Aufprall an der Rückseite des Vordersitzes gedämpft worden – er hatte nicht mehr als ein blaues Knie und einen steifen Rücken davongetragen. Der Junge auf dem Beifahrersitz war durch die Windschutzscheibe geschleudert worden und schwer verletzt. Der Fahrer war gegen das Lenkrad geprallt und hatte Platzwunden im Gesicht. Das Auto hatte einen Totalschaden.

Wir und die Eltern der anderen Jungen konnten kaum glauben, dass unsere Söhne trotz aller ernsten Ermahnungen nicht angeschnallt gewesen waren. Hätten sie die Regeln eingehalten, wären sie vielleicht gar nicht verletzt worden. Doch die gute Nachricht war: Hätten wir nicht gebetet, wären sie vielleicht ums Leben gekommen oder hätten ernste Verletzungen mit dauerhaften Schäden davongetragen. Wir alle wussten, dass das Leben unserer Söhne verschont geblieben war, weil wir im Namen von Jesus für sie gebetet hatten, und wir waren Gott dankbar.

Wenn wir als Eltern beten, heißt das nicht, dass unseren Kindern nie etwas Schlimmes passiert oder sie nie etwas Schmerzhaftes erleben. Schmerz gehört zu unserem Leben in dieser gefallenen Welt dazu. Doch die Bibel versichert uns, dass unsere Gebete um Schutz viel bewirken. Und wenn etwas Schmerzliches geschieht, werden unsere Kinder dennoch bewahrt, sodass sie dadurch stärker werden, statt daran zu zerbrechen.

Auch hier spielt das Wort Gottes eine große Rolle für unsere Gebete und unseren inneren Frieden. Ich weiß nicht einmal annähernd, wie oft ich während unserer Zeit in Los Angeles für meine Familie und mich um Bewahrung gebetet habe. Jedes Mal, wenn ich Gott darum bat, uns vor der Gewalt zu bewahren, die überall scheinbar wahllos zuschlug, tat ich es mit zwei Bibelstellen: „[Der Herr] rettet mich vor meinen Feinden. Du bringst mich an einen sicheren Ort und entziehst mich dem Zugriff meiner Feinde. Du befreist mich aus der Gewalt meiner Gegner“ (Psalm 18,49); „Lobt den Herrn, denn er hat mir seine Gnade bewiesen. Als meine Stadt angegriffen wurde, hat er mich sicher bewahrt“ (Psalm 31,22).

In Kalifornien besteht immer die Gefahr von Erdbeben. Das war für mich ein ständiges Gebetsanliegen, aber besonders abends, bevor ich zu Bett ging. Jedes schwere Erdbeben, das ich erlebte, riss mich aus dem Tiefschlaf. Wenn das geschieht, erwacht man plötzlich in pechschwarzer Nacht, und alles um einen herum wackelt, der Lärm ist furchterregender als jeder noch so schwere Donnerschlag. Das muss man nur ein einziges Mal erlebt haben, damit es sich für immer ins Gedächtnis einbrennt. Ich ging nie schlafen, ohne an Erdbeben zu denken und für unsere ganze Familie zu beten: „Gott ist unsre Zuflucht und unsre Stärke, der uns in Zeiten der Not hilft. Deshalb fürchten wir uns nicht, auch wenn die Erde bebt und die Berge ins Meer stürzen, wenn die Ozeane wüten und schäumen und durch ihre Wucht die Berge erzittern“ (Psalm 46,2-4).

Diese Bibelstelle verspricht zwar Sicherheit *inmitten* der Schwierigkeiten, doch ich betete um mehr: „Herr, bitte schenk, dass es kein Erdbeben gibt. Doch wenn es geschieht, dann bitte schenk, dass wir in dem Moment nicht hier sind. Und wenn es doch dein Wille ist, dass wir hier sind, dann beschütze uns bitte dabei.“

Ich glaube, Gott erhörte dieses Gebet, als wir vor dem schweren Erdbeben, das am 17. Januar 1994 die Gegend um Northridge erschütterte, von dort wegzogen. Einige Monate später, als meine Kinder und ich an den Ruinen vorbeigingen, waren wir entsetzt angesichts der schweren Schäden. Das Haus, in dem wir gewohnt hatten, war zerstört. Doch es erfüllte uns mit tiefer Ehrfurcht, dass Gott uns auf unser Gebet hin gerettet und seine Hand über uns gehalten hatte.

Ich bin zuversichtlich, dass Gott uns beschützt hätte, wenn wir dieses Erdbeben durchgemacht hätten, so wie er viele andere auf wunderbare Weise beschützt hatte. Katastrophen können sich überall ereignen. Das Wichtige ist, zu beten und darauf zu vertrauen, dass Gott antwortet.

Wenn wir beten, geschehen Dinge, die andernfalls nicht geschehen wären. Was passiert unseren Kindern (nicht), wenn wir heute nicht beten? Versuchen wir gar nicht erst, es herauszufinden. Gehen wir lieber gleich auf die Knie.

Gebet

Herr, ich bringe *(Name des Kindes)* zu dir und bitte dich, dass du eine schützende Mauer um sie/ihn aufstellst. Schütze sie/ihn an Geist, Körper, Verstand und Seele vor allem Bösen und vor Schaden. Ich bitte dich für sie/ihn besonders um Schutz vor Unfällen, Krankheiten, Verletzungen und körperlichem, mentalem und emotionalem Missbrauch. Bitte hilf, dass sie/er Schutz „im Schatten deiner Flügel" sucht, „bis das Unglück vorüber ist" (Psalm 57,2). Bewahre sie/ihn vor bösen Einflüssen, die sie/ihn angreifen wollen. Beschütze sie/ihn vor versteckten Gefahren und mach jede Waffe gegen sie/ihn unwirksam. Danke, Herr, für die vielen Zusagen deines Schutzes. Hilf ihr/ihm, auf deinen Wegen zu gehen und dir gehorsam zu sein, damit sie/er sich nie von deiner schützenden Hand entfernt. Bitte bewahre sie/ihn in allem, was sie/er tut und wohin sie/er auch geht.

Das bitte ich im Namen von Jesus.

Kraft aus Gottes Wort

Wer im Schutz des Höchsten lebt, der findet Ruhe im Schatten des Allmächtigen. Der spricht zu dem Herrn: Du bist meine Zuflucht und meine Burg, mein Gott, dem ich vertraue.

Psalm 91,1-2

Wenn du durch Wasser gehst, werde ich bei dir sein.
Ströme sollen dich nicht überfluten!
Wenn du durch Feuer gehst, wirst du nicht verbrennen;
die Flammen werden dich nicht verzehren!

Jesaja 43,2

Keine Waffe, die gegen dich geschmiedet wird, wird erfolgreich sein. Und wer dich vor Gericht verklagt, den wirst du widerlegen. Alle diese Dinge werden den Dienern des Herrn zugutekommen; von mir wird ihre Rechtfertigung ausgehen. Ich, der Herr, gebe darauf mein Wort!

Jesaja 54,17

Wenn der Herr deine Zuflucht ist, wenn du beim Höchsten Schutz suchst, dann wird das Böse dir nichts anhaben können, und kein Unglück wird dein Haus erreichen.

Psalm 91,9-10

Ich will mich in Frieden hinlegen und schlafen,
denn du allein, Herr, gibst mir Geborgenheit.

Psalm 4,9

KAPITEL 4

Liebe und Annahme

Eine Schwierigkeit, die Kinder zu bewältigen haben, besteht in den Lügen, die als Wahrheit verkleidet in ihre Gedanken eindringen: „Ich bin nicht geliebt", „Ich bin nicht angenommen", „Ich werde nicht wertgeschätzt", „Ich bin nicht attraktiv", „Ich bin nicht gut genug", „Ich bin zu dick/zu dünn/zu groß/zu klein/zu dumm/zu schlau/zu ..." Diese Lügen eskalieren, wenn Kinder in die Pubertät kommen, und werden oft ins Erwachsenenalter mitgenommen. Ich bin der Ansicht: Man kann gar nicht früh genug beginnen, dafür zu beten, dass ein Kind sich geliebt und angenommen fühlt – zuerst von Gott, dann von der Familie, von Altersgenossen und anderen. Wir können schon damit anfangen, wenn die Kinder noch ganz klein sind, aber auch in jedem anderen Alter, und dieses Gebet ihr Leben lang fortsetzen.

Das Gegenteil von Liebe und Annahme ist Ablehnung – etwas, das wir alle irgendwann einmal erleben. Wer von uns hat sich noch nie geschämt? Wer hat sich noch nie gedemütigt, als Versager oder charakterschwach gefühlt? Wer hat noch nie erlebt, dass andere Menschen unser Handeln missbilligen? Ablehnung begegnet uns allen, ganz gleich, ob sie von einem Verwandten, einem Freund oder einem Wildfremden kommt. An manchen Menschen perlen solche Vorfälle ab wie Wasser von einer Ente, weil sie tief in ihrem Inneren wissen, dass sie angenommen sind. Andere hingegen tragen mit jeder neuen Erfahrung von Ablehnung tiefe seelische Wunden davon.

Ablehnung ist die Ursache von so vielen bösen Taten, von denen wir täglich in der Zeitung lesen. Ein abgelehnter Arbeiter geht zurück an seine frühere Arbeitsstelle und erschießt seinen Chef und seine Kollegen. Ein verschmähter Ehemann schlägt oder tötet seine Frau. Eine Mutter, die von anderen abgelehnt wurde, misshandelt ihr Kind. Ablehnung bringt das Schlimmste in Menschen zum Vorschein – Liebe und Annahme hingegen das Beste. Ein Mensch, der sich ohnehin abgelehnt fühlt, deutet *alles* als Ablehnung: einen einfachen Blick, ein harmloses Wort, eine unbedeutende Handlung. Jemand, der sich geliebt und angenommen fühlt, denkt sich wiederum gar nichts bei dem gleichen Blick, beim gleichen Wort, bei der gleichen Handlung. Es kann sein, dass ein Mensch gar nicht abgelehnt wird; wenn er allerdings *glaubt,* abgelehnt zu werden, ist die Wirkung dennoch ebenso zerstörerisch.

Die Liebe Gottes jedoch kann all das verändern. Das Wissen, dass Gott uns liebt und annimmt, verändert unser Leben. Gott sagt: „Ich habe dich erwählt und nicht verworfen" (Jesaja 41,9) und: „Ich habe dich schon immer geliebt" (Jeremia 31,3). Und er beweist seine Liebe darin, „dass er Christus sandte, damit dieser für uns sterben sollte, als wir noch Sünder waren" (Römer 5,8). Außerdem versichert die Bibel uns: „Nichts kann uns von seiner Liebe trennen. Weder Tod noch Leben, weder Engel noch Mächte, weder unsere Ängste in der Gegenwart noch unsere Sorgen um die Zukunft, ja nicht einmal die Mächte der Hölle können uns von der Liebe Gottes trennen. Und wären wir hoch über dem Himmel oder befänden uns in den tiefsten Tiefen des Ozeans, nichts und niemand in der ganzen Schöpfung kann uns von der Liebe Gottes trennen, die in Christus Jesus, unserem Herrn, erschienen ist" (Römer 8,38-39). Wir müssen dafür beten, dass unsere Kinder diese Wahrheiten verstehen, denn sie sind der feste Grund, auf dem Liebe und Annahme in ihrem Charakter aufbauen.

Nun ist zwar Gottes Liebe die absolut wichtigste im Leben jedes Menschen, doch die Liebe der Eltern (oder deren Mangel) ist das, was ein Mensch zuerst wahrnimmt und empfindet. Elterliche Liebe ist die erste Liebe, die ein Kind erlebt, und die erste Liebe, die es versteht. Tatsächlich ist die elterliche Liebe häufig der Katalysator, durch den sich ein Kind für Gottes Liebe öffnet und sie schon früh in seinem Leben zu verstehen beginnt. Darum sollten wir von der Geburt unserer Kinder an beten: „Gott, bitte hilf mir, mein Kind wirklich so zu lieben, wie du es willst, und lehre mich, ihm diese Liebe so zu zeigen, dass es sie versteht."

Wenn Ihr Kind schon älter ist und Sie merken, dass es sich aus irgendeinem Grund nicht geliebt fühlt, können Sie trotzdem gleich anfangen zu beten. Bitten Sie Gott, das Herz Ihres Kindes mit *seiner* Liebe zu erfüllen und zu öffnen, um Ihre Liebe und die Liebe von anderen empfangen zu können.

Bitten Sie Gott auch, Ihnen zu zeigen, wie Sie Ihrem Kind Liebe vermitteln können – und hören Sie nicht auf den Teufel, der versucht, Sie mit Schuldgefühlen für früheres Versagen zu belasten. Sie kennen seine Taktik: „Dein Kind fühlt sich nicht geliebt, weil du ein schlechter Vater/eine schlechte Mutter bist"; „Wenn du selbst nicht so kaputt wärst, könntest du deinem Kind Liebe vermitteln"; „Niemand hat dich je geliebt, wie kannst du also einen anderen Menschen lieben?" Das sind höllische Lügen, und sie gehören zum Plan, den der Satan für das Leben Ihres Kindes hat.

Wenn Sie in diesem Bereich von Schuld- oder Versagensgefühlen geplagt werden, sollten Sie Gott Ihre Gedanken bekennen. Beten Sie darüber, legen Sie sie in Gottes Hände, und dann stehen Sie auf und verkünden Sie die Wahrheit: „Gott liebt mein Kind. Ich liebe mein Kind. Andere Menschen lieben mein Kind. Wenn mein Kind sich nicht geliebt fühlt, dann nur, weil es die Lügen des Feindes glaubt. Wir weigern uns, unter den Lügen des Satans zu leben." Es kann sein, dass Sie das eine Weile durchhalten müssen, aber geben Sie nicht auf. Widerstehen Sie den Lügen des Teufels, indem Sie Gottes Wahrheit aussprechen. Beten Sie dann dafür, dass Gottes Liebe das Herz Ihres Kindes durchdringt, aber auch dafür, dass es Ihre Liebe wahr- und annehmen kann.

Neben dem Gebet ist es für Kinder auch wichtig, Liebe sichtbar und spürbar zu erfahren. Das kann durch Blickkontakt, Berührungen (streicheln, umarmen, küssen), liebevolles Handeln und liebevolle Worte geschehen. Ich konnte bei meinen Kindern *immer* eine sofortige, wahrnehmbare Veränderung im Gesicht und in der Haltung erkennen, wenn ich ihnen bewusst in die Augen schaute, sie dabei sanft berührte und mit einem Lächeln sagte: „Ich hab dich lieb und finde dich toll." Probieren Sie es einmal aus, dann werden Sie sehen, was ich meine. Wenn Sie das bisher noch nie getan haben oder wenn Ihr Kind schon älter oder bereits erwachsen ist, ist es am Anfang vielleicht etwas seltsam, aber tun Sie es trotzdem. Falls es Ihnen schwerfällt, bitten Sie Gott um seine Hilfe und darum, dass Ihre Geste gut aufgenommen wird.

Wenn Ihnen die Liebe fehlt, die Sie Ihrem Kind geben sollten, bitten Sie den Heiligen Geist darum. In der Bibel heißt es: „Denn wir wissen, wie sehr Gott uns liebt, weil er uns den Heiligen Geist geschenkt hat, der unsere Herzen mit seiner Liebe erfüllt" (Römer 5,5). Ein großes Ziel Gottes für Ihr Leben ist, Sie so sehr mit seiner Liebe zu füllen, dass sie auf andere überströmt. Wenn Sie für Ihr Kind beten, ist das nicht nur ein Zeichen dieser Liebe in Ihrem Herzen, sondern vielleicht auch das Mittel, durch das diese Liebe bis zum Überfließen wächst.

Gebet

Herr, ich bete, dass *(Name des Kindes)* sich geliebt und angenommen fühlt. Durchdringe sein/ihr Herz mit deiner Liebe und hilf ihm/ihr, ganz zu verstehen, wie weitreichend und umfassend deine Liebe ist. Dein Wort sagt, du hast uns so sehr geliebt, dass du deinen eigenen Sohn geschickt hast, damit er für uns stirbt (Johannes 3,16). Rette *(Name des Kindes)* vor den Lügen, die der Feind vielleicht in sein/ihr Herz gesät hat, um Zweifel an deiner Liebe zu wecken. Jesus hat gesagt: „Ich habe euch genauso geliebt, wie der Vater mich geliebt hat. Bleibt in meiner Liebe“ (Johannes 15,9). Herr, hilf *(Name des Kindes),* in deiner Liebe zu bleiben, damit er/sie wie David sagen kann: „Lass mich schon am Morgen deine Gnade erfahren, denn ich vertraue auf dich“ (Psalm 143,8). Zeige diesem Kind deine Liebe heute spürbar und greifbar und hilf ihm, sie anzunehmen.

Ich bitte dich auch um deine Hilfe, dieses Kind so bedingungslos lieben zu können wie du. Bitte hilf mir, ihm/ihr diese Liebe sichtbar werden zu lassen. Zeig mir, wie ich ihm/ihr deine Liebe vorleben kann, damit er/sie sie versteht. Ich bete, dass alle meine Familienmitglieder ihn/sie lieben und annehmen, und dass er/sie auch bei anderen Menschen Wohlwollen findet. Bitte lass ihn/sie, je mehr in ihm/ihr die Gewissheit reift, geliebt und angenommen zu sein, auch lernen, anderen Liebe *weiterzugeben*. Befähige ihn/sie, auf angemessene Art und Weise in Liebe auf andere Menschen zuzugehen. Lass ihn/sie begreifen, wie tief deine Liebe zu ihm/ihr ist und sie in seine/ihre Seele aufnehmen. Mach ihn/sie zu einem Gefäß, durch das deine Liebe zu anderen hinfließt. Das bete ich im Namen von Jesus.

Kraft aus Gottes Wort

Gottes Liebe zu uns zeigt sich darin, dass er seinen einzigen
Sohn in die Welt sandte, damit wir durch ihn das ewige Leben
haben. Und das ist die wahre Liebe: Nicht wir haben Gott
geliebt, sondern er hat uns zuerst geliebt und hat seinen Sohn
gesandt, damit er uns von unserer Schuld befreit.
Liebe Freunde, weil Gott uns so sehr geliebt hat,
sollen wir auch einander lieben.

1. Johannes 4,9-11

Denn ihr seid ein heiliges Volk für den Herrn,
euren Gott. Von allen Völkern der Erde gehört ihr als Volk
dem Herrn, eurem Gott.

5. Mose 7,6

Wir haben erkannt, wie sehr Gott uns liebt, und wir glauben
an seine Liebe. Gott ist Liebe, und wer in der Liebe lebt,
der lebt in Gott und Gott lebt in ihm.

1. Johannes 4,16

Wir aber hören nicht auf, Gott für euch zu danken, l
iebe Freunde, denn ihr seid von Gott geliebt. Wir sind dankbar,
dass er euch erwählt hat und dass ihr zu den Ersten gehören
dürft, die gerettet werden. Eure Rettung kommt durch den
Heiligen Geist, der euch Jesus immer ähnlicher werden lässt,
und euren Glauben an die Wahrheit.

2. Thessalonicher 2,13

Wir loben Gott, den Vater von Jesus Christus, unserem Herrn, der uns durch Christus mit dem geistlichen Segen in der himmlischen Welt reich beschenkt hat. Schon vor Erschaffung der Welt hat Gott uns aus Liebe dazu bestimmt, vor ihm heilig zu sein und befreit von Schuld. Von Anfang an war es sein unveränderlicher Plan, uns durch Jesus Christus als seine Kinder aufzunehmen, und an diesem Beschluss hatte er viel Freude. Deshalb loben wir Gott für die herrliche Gnade, mit der er uns durch Jesus Christus so reich beschenkt hat.

Epheser 1,3-6

KAPITEL 5

Ein Fundament für die Ewigkeit

Mehr als alles andere wünschen wir uns, dass unsere Kinder Gott und Jesus Christus als ihren Retter kennenlernen. Wenn das geschieht, wissen wir, dass ihnen die Zukunft bei Gott sicher ist; wir wissen: Wenn sie sterben, werden wir sie im Himmel wiedersehen. Das ist eine wunderbare Hoffnung!

Debby Boone und ihr Mann Gabri, die an einigen unserer „Gebet für das Leben unserer Kinder"-Treffen teilnahmen, baten mich und meinen Mann, ein Lied für eines von Debbys Musikalben zu schreiben, das sie für ihre Kinder singen wollte. Also schrieb ich den folgenden Text zu einem Lied, das „Above All Else" heißt („Mehr als alles andere"). Mein Mann hat es vertont und Debby auf ihrem Album *Morningstar* (siehe www.debbyboone.com) aufgenommen. Heute singt sie es auch in ihren Konzerten. Die folgenden Worte fassen zusammen, was wohl alle gläubigen Eltern sich wünschen.

So much to say and just a lifetime left to say it.

So viel zu sagen und nur ein Leben lang Zeit dafür.

How quickly time passes.

Wie schnell doch die Zeit vergeht.

If I had my way, I'd keep you safe within my arms

Wenn es nach mir ginge, würde ich dich immer schützend in den Armen halten,

While the storm of life crashes.

während der Sturm des Lebens tobt.

I won't always be with you, my child, but words I can give.

Mein Kind, ich werde nicht immer bei dir sein,
doch ich kann dir Worte schenken.

When the winds of hope are dying down, these words will live.

Wenn der Wind der Hoffnung nicht mehr weht, leben diese Worte weiter:

Above all else, know God's the One who'll never leave you.

Mehr als alles andere sollst du wissen, dass Gott dich nie verlässt.

Look to Him above all else.

Halte dich mehr als alles andere an ihn.

He is love you can depend upon, a heart set to care.

Er ist die Liebe, auf die Verlass ist, ein Herz, das sich um dich sorgt.

If in the darkest night you should be lost, He will be there.

Wenn du dich in der dunkelsten Nacht verläufst,
ist er da.

He's the Everlasting Father,

Er ist der ewige Vater,

In His hands you'll never fall.

in seinen Händen fällst du niemals hin.

He's the One who holds it all,

Er ist der, der alles hält,

Above all else.

mehr als alles andere.

He's the Author of your laughter,
Er schenkt dir dein Lachen,

He's the Keeper of your tears,
er zählt deine Tränen,

He's the One who you must fear
ihn musst du fürchten

Above all else.
mehr als alles andere.

He's the Giver of the kingdom
Er schenkt dir das Königreich,

Bought for you right from the start,
das schon von Anfang an für dich erkauft war,

And He'll ask you for your heart
und er bittet dich um dein Herz

Above all else.
mehr als alles andere.

So much to say
So viel zu sagen

And not enough time left to say it.
und nicht mehr genug Zeit dazu.

Just love the Lord
Liebe einfach Gott

Above all else.
mehr als alles andere.

Mein Sohn und meine Tochter entschieden sich beide mit ungefähr fünf Jahren, Jesus in ihr Leben aufzunehmen. Wir hatten ihnen von Gott erzählt, ihnen biblische Geschichten vorgelesen, täglich mit ihnen gebetet und sie regelmäßig in die Gemeinde mitgenommen. Sie hatten oft davon gehört, dass Jesus in das Leben von Menschen eingeladen werden will, doch wir zwangen sie nie dazu und verlangten keine Entscheidung von ihnen. Stattdessen beteten wir dafür, dass das, was sie gelernt hatten, ihr Herz durchdringen und in ihnen den Wunsch nach einer engen Beziehung zu Gott wecken würde. Wir wollten, dass diese Entscheidung aus ihrem Herzen kam und ganz ihre eigene Entscheidung war. Als der jeweilige Augenblick bei unseren Kindern gekommen war, fingen sie an, uns Fragen über Jesus zu stellen. Am Ende wollten sie Jesus in ihr Leben aufnehmen und baten uns, mit ihnen zu beten. Mein Mann und ich haben großen Frieden, weil wir wissen, dass die Zukunft unserer Kinder bei Gott sicher ist und voller Freude sein wird.

Es ist nie zu früh oder zu spät anzufangen, für die Bekehrung unserer Kinder zu beten, ganz gleich, wie alt sie sind. Jesus sagte einmal: „Ich versichere dir: Wenn jemand nicht von Neuem geboren wird, kann er das Reich Gottes nicht sehen" (Johannes 3,3). Er sagt auch: „Siehe, ich stehe vor der Tür und klopfe an. Wenn jemand mich rufen hört und die Tür öffnet, werde ich eintreten, und wir werden miteinander essen" (Offenbarung 3,20). Wir möchten, dass unserer Kinder die Tür ihres Herzens für Jesus öffnen und Gottes Königreich erleben, sowohl in diesem Leben als auch danach in der Ewigkeit. Vergessen wir nicht: Wenn *wir* nicht für die ewige Zukunft unserer Kinder beten, kann es sein, dass sie nicht die Zukunft haben, die wir uns für sie wünschen.

Sobald unsere Kinder Jesus in ihr Leben aufgenommen haben, müssen wir weiter für ihre Beziehung zu ihm beten. Wie oft haben wir schon von Kindern gehört, die in jungen Jahren mit Gott lebten, sich aber in ihren Teenagerjahren oder als Erwachsene von ihm entfernten? „Wir bitten Gott, euch Einsicht für das zu schenken, was er in eurem Leben bewirken will, und euch mit Weisheit und Erkenntnis zu erfüllen. Dann werdet ihr mit eurem Leben den Herrn ehren und ihn erfreuen mit allem, was ihr tut. Auf diese Weise werdet ihr Gott immer besser kennenlernen" (Kolosser 1,9-10): So beteten Paulus und Timotheus für die Kinder Gottes in Kolossä, und auch wir sollten so für unsere Kinder beten. Jeder von uns kann im Leben mit Jesus immer noch mehr entdecken und erfahren. Wir sollten immer wieder dafür beten, dass Gott unseren Kindern seinen Geist schenkt.

Gebet

Herr, ich bringe *(Name des Kindes)* zu dir und bitte dich, dass du ihr/ihm hilfst zu verstehen, wer du bist. Öffne ihr/sein Herz und bring sie/ihn zur Erkenntnis der Wahrheit über dich. Herr, du sagst in deinem Wort: „Wenn du mit deinem Mund bekennst, dass Jesus der Herr ist, und wenn du in deinem Herzen glaubst, dass Gott ihn von den Toten auferweckt hat, wirst du gerettet werden" (Römer 10,9). Ich bete, dass mein Kind diese Art von Glauben bekommt. Lass sie/ihn dich als ihren/seinen persönlichen Retter bekennen, mit deinem Heiligen Geist erfüllt sein, dich in jedem Bereich ihres/seines Lebens anerkennen und sich immer dafür entscheiden, dir und deinem Weg zu folgen. Hilf ihr/ihm zu glauben, dass Jesus sein Leben für sie/ihn gegeben hat, damit sie/er ewiges Leben und auch jetzt schon Leben im Überfluss bekommt. Hilf ihr/ihm, deine Vergebung in ihrem ganzen Umfang zu verstehen, damit sie/er nicht in Schuld und Verdammnis leben muss.

Lass sie/ihn ein Leben führen, das viel Frucht bringt, und dich immer besser kennenlernen. Hilf ihr/ihm, immer deinen Willen zu erkennen, geistlichen Durchblick zu haben und so zu leben, wie es dir gefällt. Du hast in deinem Wort gesagt, dass du deinen Geist auf meine Nachkommen ausgießen willst. Bitte gib *(Name des Kindes)* heute deinen Geist.

Danke, Herr, dass dir ihre/seine ewige Zukunft noch mehr am Herzen liegt als mir und dass diese Zukunft bei dir sicher ist. Ich bete im Namen von Jesus, dass sie/er nie an dem Weg zweifelt, den du für sie/ihn vorgesehen hast, und nie davon abkommt.

Amen.

Kraft aus Gottes Wort

Denn mein Vater will, dass alle, die seinen Sohn sehen und an ihn glauben, das ewige Leben haben – und dass ich sie am letzten Tag auferwecke.

Johannes 6,40

Das ist gut und macht Gott, unserem Erlöser, Freude. Er möchte, dass jeder gerettet wird und die Wahrheit erkennt.

1. Timotheus 2,3-4

Und wir wissen, dass der Sohn Gottes gekommen ist und uns den einzig wahren Gott erkennen lässt. Und nun haben wir Gemeinschaft mit dem wahren Gott durch seinen Sohn Jesus Christus. Er ist der wahre Gott und das ewige Leben.

1. Johannes 5,20

Und dies hat Gott versichert: Er hat uns das ewige Leben geschenkt, und dieses Leben ist in seinem Sohn.

1. Johannes 5,11

Und ich werde den Vater bitten, und er wird euch einen anderen Ratgeber geben, der euch nie verlassen wird. Es ist der Heilige Geist, der in alle Wahrheit führt. Die Welt kann ihn nicht empfangen, denn sie sucht ihn nicht und erkennt ihn nicht. Ihr aber kennt ihn, weil er bei euch bleibt und später in euch sein wird.

Johannes 14,16-17

KAPITEL 6

Die Eltern ehren und nicht rebellieren

Es ist ein seltsamer Gedanke, von jemandem zu *verlangen*, dass er uns ehrt, nicht wahr? Wenn es sich tatsächlich um ehrliches Ehren handelt, sollte derjenige es dann nicht von sich aus tun? Das mag auf alle möglichen Menschen in unserem Leben zutreffen, aber nicht auf unsere Kinder. Ihnen muss es erst beigebracht werden.

In der Bibel heißt es: „Ihr Kinder sollt euren Eltern gehorchen, weil ihr dem Herrn gehört, denn so handelt ihr richtig. ‚Ihr sollt Vater und Mutter ehren.' Das ist das erste der Gebote, an das eine Zusage Gottes geknüpft ist: Wenn du deinen Vater und deine Mutter ehrst, ‚wird es dir gut gehen und du wirst ein langes Leben haben'" (Epheser 6,1-3). Wenn unsere Kinder diesem Gebot Gottes ungehorsam sind, könnte es also nicht nur sein, dass sie von dem Leben abgeschnitten sind, das Gott für sie vorgesehen hat, sondern es könnte auch an Länge einbüßen. Die Bibel sagt außerdem: „Wenn du deinen Vater oder deine Mutter verfluchst, wird das Licht deines Lebens in der Finsternis verlöschen" (Sprüche 20,20). Dass wir Länge und Qualität des Lebens unserer Kinder beeinflussen können, ist Grund genug, für sie zu beten, sie anzuleiten und zurechtzuweisen.

Im Grunde genommen ist Rebellion in die Tat umgesetzter Hochmut. Rebellische Gedanken sagen: „Ich mache, was ich will, egal, was Gott oder jemand anderes dazu sagt." In der Bibel heißt es: „Auflehnung ist so schlimm wie die Sünde der Zauberei" (1. Samuel 15,23), denn ihr Ziel ist letzten Endes totale Opposition gegen Gott. Im gleichen Vers heißt es auch: „... und Eigensinn so schlimm wie Götzendienst". Hochmut lässt uns rebellieren, aber Eigensinn lässt uns in der Rebellion verharren. Wer in Auflehnung lebt, hat den Götzen des Eigensinns in seinem Leben. Wenn Kinder ihre Eltern nicht ehren, ist das oft ein erstes Zeichen dafür, dass die Götzen im Herzen eines Kindes – in jedem Alter – Hochmut und Selbstsucht sind. Darum werden Kinder, denen nicht beigebracht wird, ihre Eltern zu ehren, rebellisch. Sie sagen: „Ich will, was ich will, genau dann, wann ich es will."

In der Bibel heißt es: „‚Meinen widerspenstigen Kindern wird es sehr schlecht gehen', sagt der Herr. ‚Sie schmieden einen Plan, der nicht von mir ausgeht, sie schließen ein Bündnis, das nicht nach meinem Sinn ist. Dadurch schaufeln sie Sünde auf Sünde'" (Jesaja 30,1). Wenn man nachhaltig etwas gegen die rebellische Haltung eines Kindes tun will, muss man vielleicht zunächst durch Gebet die Götzen des Hochmuts und der Selbstsucht in seinem Leben erkennen und gegen sie angehen.

Das Gegenteil von Rebellion ist Gehorsam, ein Leben nach Gottes Willen. Gehorsam bringt große Sicherheit und die Gewissheit, dass man ist, wo man sein soll, und tut, was man tun soll. Die Bibel verspricht, dass unser Gehorsam gesegnet sein wird, aber Ungehorsam führt zu einem Leben in Finsternis und letztlich zur Zerstörung. Das wollen wir nicht für unsere Kinder. Wir wollen, dass sie gehorsam leben, damit sie Gewissheit, Sicherheit, ein langes Leben und Frieden haben. Einer der ersten Gehorsamsschritte für Kinder ist, ihren Eltern zu gehorchen und sie zu ehren. Das muss einem Kind erst beigebracht werden, doch die Erziehung wird leichter, wenn der Weg durch Gebet geebnet ist.

Als mein Sohn vierzehn Jahre alt war, tapezierte er sein Zimmer förmlich mit Postern der Musiker, die er am meisten bewunderte. Das Problem war, dass auf einigen dieser Bilder sowohl die Kleidung der Musiker als auch die dargestellte Musik für uns Eltern anstößig waren und Gott keine Ehre machten. Als wir von Christopher verlangten, diese Poster abzunehmen und den Grund erklärten, sträubte er sich zunächst und tat dann, was wir verlangten – allerdings mit einer inneren Haltung, die alles andere als demütig war. Kurze Zeit später ersetzte er die Poster mit anderen, die genauso schlimm waren. Wir stellten ihn erneut zur Rede, ergriffen angemessene disziplinarische Maßnahmen und nahmen dieses Mal selbst alle Poster ab.

Darüber war Christopher nicht begeistert, und wir erkannten, dass wir es mit den ersten Anzeichen für einen rebellischen Geist zu tun hatten. Also beschlossen wir zu tun, was die Bibel empfiehlt: „Legt die komplette Waffenrüstung Gottes an, damit ihr allen hinterhältigen Angriffen des Teufels widerstehen könnt" (Epheser 6,11). Wir beteten, wir beriefen uns auf Gottes Wort, und wir bekannten unseren Glauben an Gottes Fähigkeit, uns zu helfen, dieses Problem zu überwinden. Es war ein geistlicher Kampf, aber wir merkten, wie Gottes Friede in die Situation einkehrte. Die innere Haltung unseres Sohnes veränderte sich, und als er das nächste Mal Poster aufhängte, entsprachen sie den Anforderungen, die wir als seine Eltern gestellt hatten. Durch unser Gebet durften wir Gottes Kraft in Aktion erleben.

Die Poster wirken heute eher wie ein kleines Problem, aber damals hatten wir es mit einem Eigenwillen zu tun, der sich über die Eltern und über Gott stellen wollte. Und indem wir uns dieser Auflehnung widersetzten, konnten wir ihr Einhalt gebieten, bevor etwas Größeres daraus wurde. Wir waren fest entschlossen, den Kampf zu gewinnen, weil wir wussten, dass wir Gott und sein Wort auf unserer Seite hatten, und weil für unseren Sohn etwas mit Ewigkeitswert auf dem Spiel stand.

Wenn ein Kind älter ist, vielleicht in der Pubertät oder sogar schon erwachsen, und sich die Auflehnung bereits deutlich in seinem Verhalten äußert, ist es schwerer, es zurechtzuweisen und zu belehren. Allerdings hat man immer noch die Möglichkeit zu beten. Vergessen wir nicht, dass wir nicht gegen den Sohn oder die Tochter kämpfen. Die Bibel sagt: „Denn wir kämpfen nicht gegen Menschen aus Fleisch und Blut, sondern gegen die bösen Mächte und Gewalten der unsichtbaren Welt, gegen jene Mächte der Finsternis, die diese Welt beherrschen, und gegen die bösen Geister in der Himmelswelt" (Epheser 6,12). Der Kampf richtet sich gegen den Feind. Jesus sagt – und das ist die gute Nachricht: „Ich habe euch Vollmacht über den Feind gegeben" (Lukas 10,19). Scheuen wir uns nicht, davon Gebrauch zu machen.

Jedes Kind hat früher oder später eine rebellische Phase. Seien wir bereit, dieser Herausforderung mit Gebet und Gottes Wort entgegenzutreten sowie mit Korrektur, Zurechtweisung und Anleitung. Lassen wir uns von einem rebellischen Geist nicht einschüchtern. Jesus ist auch darüber Herr.

Gebet

Herr, ich bete, dass du *(Name des Kindes)* ein Herz schenkst, das dir gern gehorsam sein will. Gib ihm/ihr die Sehnsucht, mit deinem Wort und im Gebet Zeit mit dir zu verbringen und auf deine Stimme zu hören. Mach durch dein Licht jede verborgene oder unsichtbare Auflehnung sichtbar, die in seinem/ihrem Herzen Wurzeln schlägt, damit sie erkannt und zerstört werden kann. Herr, ich bitte dich, dass er/sie sich nicht von Hochmut, Selbstsucht und Auflehnung beherrschen lässt, sondern davon befreit wird. Mit der Vollmacht, die du mir im Namen von Jesus gegeben hast, will ich „allen hinterhältigen Angriffen des Teufels widerstehen" und stelle mich gegen Götzendienst, Rebellion, Starrsinn und Respektlosigkeit; sie haben kein Anrecht auf das Leben meines Sohnes/meiner Tochter. Mein Kind soll durch sie nicht auf einen Weg geraten, der zu Tod und Verderben führt.

Dein Wort sagt: „Ihr Kinder, gehorcht euren Eltern in allem! Denn das freut den Herrn" (Kolosser 3,20). Bitte wende das Herz dieses Kindes seinen Eltern zu und befähige es, Vater und Mutter zu ehren und zu gehorchen, damit es ein langes, gutes Leben hat. Wende sein Herz dir zu, damit alles, was es tut, dir gefallen kann. Hilf ihm, Hochmut und Auflehnung in seinem eigenen Herzen zu erkennen, und mach es bereit, sie zu bekennen und sich davon abzuwenden. Bitte gib, dass Sünde diesem Kind unangenehm ist. Zeige ihm, wie schön und einfach es ist, mit einer willigen, demütigen Herzenshaltung dir zu gehorchen und sich dir unterzuordnen.

Das bete ich im Namen von Jesus.

Kraft aus Gottes Wort

Wenn ihr mir bereitwillig gehorcht, werdet ihr die Früchte des Landes essen. Wenn ihr euch aber weigert und widerspenstig seid, werdet ihr durch das Schwert umkommen. Ich, der Herr, habe gesprochen.

Jesaja 1,19-20

Manche saßen in Finsternis und tiefster Verzweiflung, gefangen in Elend und Ketten. Denn sie hatten sich gegen Gottes Gebote aufgelehnt und den Ratschlag des Höchsten verachtet. Deshalb zerbrach er ihr Herz durch großes Leid; sie fielen zu Boden, und niemand half ihnen auf.

Psalm 107,10-12

Wer den Vater verspottet und die Mutter verachtet, dessen Augen werden die Raben am Bach aushacken und die jungen Adler fressen.

Sprüche 30,17

Mein Sohn, höre auf die Zurechtweisung deines Vaters und lehne nicht ab, was deine Mutter dich lehrt. Was du von ihnen lernst, ist wie eine schöne Krone für deinen Kopf und wie eine Kette für deinen Hals.

Sprüche 1,8-9

Doch sie waren widerspenstig und lehnten sich gegen dich auf (...) Deshalb hast du sie in die Hand ihrer Feinde gegeben, die sie sehr bedrängten.

Doch in der Zeit der Not schrien sie zu dir
und du hast sie im Himmel erhört. In deiner großen
Barmherzigkeit sandtest du ihnen Retter,
die sie aus den Händen ihrer Feinde befreiten.
Nehemia 9,26-27

KAPITEL 7

Gute Beziehungen in der Familie

Vor Jahren hatten meine Schwester und ich eine schwere Beziehungskrise und sprachen zwei Jahre lang nicht miteinander. Der Grund war ein komplettes Missverständnis. Unsere eigenen Verletzungen hatten uns die Fähigkeit genommen zu erkennen, was in der Persönlichkeit und im Leben der jeweils anderen vor sich ging. Wir lebten in unterschiedlichen Welten, obwohl wir im gleichen Haus und der gleichen Familie aufgewachsen waren. Dieses Zerwürfnis wühlte mich sehr auf, und ich hörte nicht auf zu beten, bis meine Schwester und ich uns versöhnt hatten und unsere Beziehung wiederhergestellt war. Ich glaube, wenn wir betende Eltern gehabt hätten, wäre es erst gar nicht so weit gekommen.

Der Feind unserer Seele dringt nur allzu gern in unsere von Gott gegebenen Beziehungen ein und sorgt für Störungen, Missverständnisse, Kurzschlüsse, Brüche oder Trennungen. Je mehr eine Familie auseinandergetrieben werden kann, desto schwächer und wirkungsloser wird sie und desto mehr Kontrolle gewinnt der Feind über ihr Leben. Das lässt sich nur durch Gebet verhindern. Wenn wir für unsere Familie beten – für unsere Beziehungen mit Kindern, Eltern, Stiefeltern, Geschwistern, Großeltern, Onkel und Tanten, Cousins und Cousinen oder Ehepartnern –, werden wir viel weniger belastete oder zerstörte Beziehungen erleben.

Als meine Tochter geboren wurde, war ihr Bruder viereinhalb Jahre alt. Ich betete von Anfang an dafür, dass Christopher und Amanda eine enge Beziehung zueinander haben, und ich selbst trug auch dazu bei, was ich konnte. In den ersten Jahren war ihre Freundschaft so eng, dass es anderen Menschen auffiel und sie sich immer wieder darüber äußerten. Dann wurde eines Tages aus Christopher ein Teenager, und alles änderte sich. Plötzlich ging er weg und hatte Freunde und keine Zeit mehr für seine kleine Schwester. Die scherzhaften Spötteleien, die er mit seinen Freunden austauschte, konnte seine jüngere Schwester nicht gut vertragen. Sie fühlte sich abgelehnt und verletzt und schlug zurück. Ich musste immer wieder den Schiedsrichter spielen, und es machte mich traurig zu sehen, was da geschah.

Dann wurde mir eines Tages etwas Wichtiges klar: Weil es zwischen Amanda und Christopher so gut gelaufen war, hatte ich aufgehört, für ihre Beziehung zu beten. Also fing ich wieder damit an und wünschte, ich hätte nie aufgehört. Es dauerte eine Weile, aber nach und nach sah ich, dass ihre Haltung zueinander weniger hart wurde. Ich weiß, wenn ich nichts getan hätte, wäre wahrscheinlich derselbe permanente Bruch zwischen ihnen eingetreten, den es in meiner eigenen Familiengeschichte in viel zu vielen Beziehungen gegeben hatte. Heute sind beide über dreißig und haben wunderbare Ehepartner. Sie stehen sich nicht nur als Geschwister nahe, sondern auch als Ehepaare und verbringen viel Zeit miteinander. Mich als Mutter macht das sehr glücklich.

Wie viele Familienbeziehungen werden dem Zufall überlassen, weil niemand für sie betet? Vermutlich viel zu viele. Es ist traurig zu sehen, wie Familien auseinanderbrechen und die einzelnen Mitglieder als Erwachsene nichts mehr miteinander zu tun haben. Allein der Gedanke, dass dies unseren Kindern passieren könnte, bricht mir das Herz. Doch so muss es nicht sein.

In Jesaja 58 erzählt Gott von den wunderbaren Dingen, die geschehen werden, wenn wir fasten und beten. Er sagt: „Die Grundmauern vieler vergangener Generationen werdet ihr wieder errichten. Dann wird man euch folgendermaßen nennen: ‚Die die Risse ausbessern und die Straßen erneuern, um sie bewohnbar zu machen'" (Jesaja 58,12). Gott will, dass wir Einigkeit (wieder)herstellen, unsere Familienbande in seinem Sinn pflegen und ein geistliches Erbe des Zusammenhalts hinterlassen, das Generationen überdauern kann.

In der Bibel heißt es auch: „Lebt in Frieden miteinander. Versucht nicht, euch wichtig zu machen, sondern wendet euch denen zu, die weniger angesehen sind. Und bildet euch nicht ein, alles zu wissen!" (Römer 12,16). Wir müssen für Demut und Einigkeit beten.

Jesus sagt: „Gott segnet die, die sich um Frieden bemühen, denn sie werden Kinder Gottes genannt werden" (Matthäus 5,9). Seien wir Friedensstifter, denn offensichtlich gibt es in der Welt nicht genug davon. „Bemühen wir uns also um Frieden miteinander und versuchen wir, einander im Glauben zu stärken" (Römer 14,19). Fangen wir an, für diejenigen zu beten, die uns am nächsten sind – unsere Kinder –, und gehen wir dann weiter nach außen.

Gebet

Herr, ich bete für *(Name des Kindes)* und ihre/seine Beziehungen zu allen Familienmitgliedern. Schütze und bewahre sie vor ungelösten Konflikten und dauerhaften Brüchen. Fülle ihr/sein Herz mit deiner Liebe und gib ihr/ihm reichlich Barmherzigkeit und Vergebung, die auf alle Familienmitglieder überfließt. Ich bete besonders dafür, dass *(Name des Kindes)* und *(Name des Familienmitgliedes)* ihr Leben lang eine enge, glückliche, liebevolle und erfüllende Beziehung haben. Hilf ihnen immer zu einer guten Kommunikation miteinander und verhindere, dass Unversöhnlichkeit in ihrem Herz Wurzeln schlägt. Hilf ihnen, einander zu lieben, wertzuschätzen, zu respektieren und füreinander dankbar zu sein, damit die von dir gewollte Beziehung zwischen ihnen nicht zerbrechen kann. Deinem Wort entsprechend bitte ich dich, dass sie „einander mit aufrichtiger Zuneigung lieben" und „Freude daran haben, sich gegenseitig Achtung zu erweisen" (Römer 12,10).

Bitte lehre mein Kind, Missverständnisse deinem Wort entsprechend zu lösen. Falls bereits irgendwo ein Riss vorhanden sein sollte, wenn eine Beziehung belastet oder gestört ist, dann bitte ich dich, Herr, dass du den trennenden Keil wegnimmst und Heilung bringst. Bitte verhindere Belastungen, Brüche, Missverständnisse, Streit, Kämpfe oder den Abbruch von Beziehungen. Bitte gib *(Name des Kindes)* ein Herz voller Vergebung und Versöhnungsbereitschaft.

Dein Wort sagt uns: „Schließlich sollt ihr alle einig sein, voller Mitgefühl und gegenseitiger Liebe. Seid barmherzig zueinander und demütig" (1.Petrus 3,8). Hilf ihr/ihm, entsprechend deinem

Wort zu leben: „Bemüht euch, im Geist eins zu sein, indem ihr untereinander Frieden haltet“ (Epheser 4,3). Bitte schenk ihr/ihm starke, endlose Liebe und Mitgefühl für alle Familienmitglieder.

Das bete ich im Namen von Jesus.

Kraft aus Gottes Wort

Gott segnet die, die sich um Frieden bemühen,
denn sie werden Kinder Gottes genannt werden.
Matthäus 5,9

Wie schön und wie wunderbar ist es,
wenn Brüder einträchtig zusammenleben!
Psalm 133,1

Gott, der diese Geduld und Ermutigung schenkt, soll euch helfen, eins zu sein und in Frieden miteinander zu leben. Geht miteinander so um, wie es Christus vorgelebt hat. Dann könnt ihr gemeinsam mit einer Stimme Gott, den Vater unseres Herrn Jesus Christus, loben und ehren.
Römer 15,5-6

Tragt euren Teil dazu bei, mit anderen in Frieden zu leben,
so weit es möglich ist!
Römer 12,18

Liebe Brüder, ich bitte euch im Namen von Jesus Christus, dem Herrn, dass ihr darauf achtet, untereinander einig zu sein, und aufhört, miteinander zu streiten, damit es nicht zu Spaltungen in der Gemeinde kommt. Ich bitte euch: Steht fest zueinander, sodass ihr einig seid in dem, was ihr denkt und wollt.
1. Korinther 1,10

KAPITEL 8

Gute Freunde und Vorbilder

Ich habe immer für die Freunde meiner Kinder gebetet, und die meisten davon waren wunderbar. Manchmal hatten meine Kinder aber auch Freunde, denen ich als Mutter kritisch gegenüberstand. Nicht, dass ich sie nicht mochte; tatsächlich mochte ich sie alle sehr gern. Was mir nicht gefiel, war der Einfluss, den sie auf mein Kind nahmen, und wie sich die beiden Kinder verhielten, wenn sie zusammen waren. In solchen Situationen betete ich immer. Ich betete für das betreffende Kind, dass es sich ändert oder aus dem Leben meines Kindes verschwindet. In jedem Fall wurde dieses Gebet erhört. Vielfach stellte sich im Lauf der Zeit heraus, dass meine Bedenken berechtigt waren. Die Kinder, derentwegen ich besorgt war, hatten immer ein Leben voller Probleme.

Eltern haben oft ein Bauchgefühl, was die Freunde ihrer Kinder betrifft. Wenn sich solche Gefühle einstellen, sollten wir Gott um durch seinen Heiligen Geist gewirktes Urteilsvermögen bitten und entsprechend beten.

Am meisten betete ich für die Freunde meiner Kinder, als wir von Kalifornien nach Tennessee zogen. Wir zogen um, als mein Sohn das letzte Jahr der Highschool begann und meine Tochter in die siebte Klasse kam – eigentlich die jeweils schlimmste Zeit, um an einer neuen Schule anzufangen. Normalerweise hätte ich nicht gewollt, dass meine Kinder ausgerechnet zu diesem Zeitpunkt die Schule wechseln. Allerdings hatten mein Mann und ich in diesem Fall den deutlichen Eindruck, dass Gott diesen Ortswechsel von uns will. Weil ich wusste, wie schwierig diese Phase für meine Kinder sein würde, betete ich in den Monaten vor und nach dem Umzug jeden Tag: „Herr, hilf meinen Kindern, gute Freunde zu finden, die nach deinem Herzen sind. Ich weiß, dass *du* uns hierher gebracht hast und dass du unsere Kinder nicht im Stich lassen wirst. Ich habe die Sorge, dass die Kinder sich in ihrem Wunsch, akzeptiert zu werden, Freunde suchen, deren moralische Maßstäbe nicht so hoch sind wie deine. Bitte bring Vorbilder in ihr Leben, die deinem Willen entsprechen."

Die ersten sechs Monate waren sehr einsam für Christopher und Amanda, und ich lag nachts oft wach und betete für sie. Mehr konnte ich nicht tun. Ich konnte nicht intervenieren und sie mit guten Freunden zusammenbringen, wie ich es vielleicht getan hätte, als sie noch jünger waren. Doch selbst wenn ich es gekonnt hätte, hätte ich es nie so gut machen können, wie Gott es als Antwort auf meine Gebete tat. Irgendwann traten Menschen in ihr Leben, die heute zu ihren besten Freunden überhaupt gehören. Das ist nicht einfach Zufall oder ein märchenhaftes Ende, sondern die Folge von Fürbitte. Es ist die Folge davon, dass ich Gott bat: „Hilf meinen Kindern, Freunde und Vorbilder zu finden, die deinem Willen entsprechen."

Gottes Wort legt uns nahe: „Macht nicht gemeinsame Sache mit Ungläubigen. Wie kann die Gerechtigkeit sich mit der Gesetzlosigkeit zusammentun? Wie kann das Licht mit der Finsternis zusammenleben? Welche Übereinstimmung kann es zwischen Christus und dem Teufel geben? Welche Gemeinsamkeiten hat ein Gläubiger mit einem Ungläubigen?" (2. Korinther

6,14-15). Das heißt nicht, dass unsere Kinder nie ungläubige Freunde haben dürfen. Doch ihre besten Freunde, zu denen sie die stärkste Bindung haben, sollten gläubig sein. „Können zwei Menschen miteinander losgehen, ohne sich abgesprochen zu haben?“ (Amos 3,3): Nein, das können sie nicht. Das bedeutet, wenn sie sich nicht einig sind, muss einer von beiden sich ändern. Und darum heißt es an anderer Stelle: „Die Gottesfürchtigen sind vorsichtig in der Freundschaft“ oder: „Die Gottesfürchtigen geben ihren Freunden guten Rat; aber die Gottlosen führen sie in die Irre“ (Sprüche 12,26).

Wenn Ihr Kind keine guten Freunde hat, die gläubig sind, dann sollten Sie anfangen, dafür zu beten. Beten Sie dafür, dass die ungläubigen Freunde Ihres Kindes Jesus kennenlernen und annehmen, und beten Sie, dass starke, gläubige Freunde in sein Leben treten. Oft haben Eltern das Gefühl, dem schlechten Einfluss bestimmter Menschen im Leben ihrer Kinder hilflos gegenüberzustehen. Doch wir sind nicht hilflos. Gottes Kraft und die Wahrheit seines Wortes stehen hinter uns. Nehmen Sie es nicht einfach hin, dass jemand Ihr Kind in die Irre führt. In der Bibel steht zu viel über die Gesellschaft, mit der wir uns umgeben sollten, um in dieser Sache passiv zu bleiben.

Die Freunde und Vorbilder unserer Kinder haben großen Einfluss auf ihr Leben. Wie könnten wir dann *nicht* für sie beten?

Gebet

Herr, ich bringe dir *(Name des Kindes)* und bitte dich, dass du Freunde und Vorbilder in sein/ihr Leben bringst, die nach deinem Herzen sind. Gib ihm/ihr die Weisheit, die er/sie braucht, um sich Freunde zu suchen, die mit dir leben und ihm/ihr helfen, in seinem/ihrem Leben mit dir keine Kompromisse zu machen, nur um akzeptiert zu werden. Bitte schenk mir das Urteilsvermögen deines Heiligen Geistes, um zu erkennen, wie ich ihn/sie in der Auswahl seiner/ihrer Freunde leiten oder beeinflussen kann. Bitte nimm jeden aus seinem/ihrem Leben weg, der keinen guten Einfluss hat, oder verändere den betreffenden Menschen nach deinem Willen.

In deinem Wort heißt es: „Wer sich mit den Weisen trifft, wird weise; wer sich mit den Narren einlässt, wird sich selbst schaden" (Sprüche 13,20). Bitte hilf, dass mein Kind sich nicht mit Narren einlässt. Befähige es, sich mit klugen Freunden zu umgeben, damit es nicht erleben muss, wie zerstörerisch es ist, mit Narren unterwegs zu sein. Schütze *(Name des Kindes)* vor Menschen, deren Charakter dir nicht entspricht, damit diese Menschen nicht auf ihn/sie abfärben und seiner/ihrer Seele eine Falle stellen.

Wenn eine Freundschaft zu Ende geht, dann tröste ihn/sie über den Verlust und schenk ihm/ihr neue Freunde, mit denen er/sie sich gut versteht und austauschen kann, damit er/sie bei ihnen der Mensch sein kann, als den du ihn/sie erschaffen hast. Bitte nimm alle Einsamkeit und Minderwertigkeitsgefühle weg, die dazu führen könnten, dass er/sie Beziehungen eingeht, die dir keine Ehre machen.

Ich bete im Namen von Jesus, dass du ihn/sie die Bedeutung wahrer Freundschaft lehrst. Bringe ihm/ihr bei, ein guter Freund/eine gute Freundin zu sein und starke, enge, dauerhafte Beziehungen zu schließen. Bitte schenk, dass alle seine/ihre Freundschaften dir Ehre machen.

Das bete ich im Namen von Jesus.

Kraft aus Gottes Wort

Handle nicht wie die Gottlosen und entscheide dich nicht für den Weg der Bösen.

Sprüche 4,14

Was ich meinte, war, dass ihr keinen Kontakt zu jemandem haben sollt, der sich als gläubig bezeichnet und doch Unzucht treibt, habgierig ist, Götzen anbetet, flucht, sich betrinkt oder andere beraubt. Mit solchen Leuten sollt ihr auch nicht zusammen essen.

1. Korinther 5,11

Mein Sohn, fürchte den Herrn und achte den König und lass dich nicht mit Aufrührern ein, denn sonst wirst du mit ihnen zusammen untergehen. Wer weiß, wo die Strafe des Herrn und des Königs endet?

Sprüche 24,21-22

Halte dich von einem zornigen Menschen fern und meide den Jähzornigen, damit du nicht wirst wie sie und dein Leben aufs Spiel setzt.

Sprüche 22,24-25

Glücklich ist der Mensch, der nicht auf den Rat der Gottlosen hört, der sich am Leben der Sünder kein Beispiel nimmt und sich nicht mit Spöttern abgibt.

Psalm 1,1

KAPITEL 9

Sehnsucht nach Gott und seinem Willen

Wenn wir in der Zeitung von jungen Menschen lesen, die stehlen, töten, Eigentum zerstören oder ständig wechselnde Geschlechtspartner haben, können wir sicher sein, dass diese Personen keine gesunde Gottesfurcht besitzen, Gottes Maßstäbe nicht verstehen und auch keine Sehnsucht nach ihm und seinem Willen haben. Manche dieser jungen Menschen stammen sogar aus christlichen Familien und haben einmal einen Anfang mit Jesus gemacht. Weil sie aber nicht gelernt haben, Gott zu fürchten und sich nach seiner Gegenwart zu sehnen, werden sie von ihren menschlichen Trieben beherrscht.

Gott zu fürchten bedeutet, tiefen Respekt und Ehrfurcht vor Gottes Macht und Kraft zu haben. Es bedeutet, sich vor einem Leben ohne ihn zu fürchten und dankbar zu sein, dass wir durch seine Liebe diese Verzweiflung nicht erleben müssen. Es bedeutet, nach dem Sehnsucht zu haben, was Gott ist und was er für uns hat.

Vieles in der Welt kann unsere Kinder von Gott ablenken, und der Teufel wird mit seinen Plänen an jedes Kind herantreten, um zu sehen, ob es sich verführen lässt. Doch wenn wir unsere Kinder lehren, unterweisen, zurechtweisen und ihnen Gottes Willen nahebringen ...

- wenn wir ihnen Geschichten aus Gottes Wort vorlesen,
- wenn wir ihnen beibringen zu beten und zu glauben, dass Gott der ist, der er zu sein behauptet, und tun wird, was er ankündigt,
- wenn wir ihnen helfen, Kontakt zu Freunden zu bekommen, die Gott nachfolgen,
- wenn wir ihnen zeigen, dass ein Leben mit Gott Freude und Erfüllung bringt, nicht Langeweile und Einschränkungen,
- wenn wir in allen Dingen mit ihnen und für sie beten,

... dann können unsere Kinder eine Sehnsucht nach Gott und seinem Willen entwickeln.

Sie werden wissen, dass Gott und sein Wille höchste Priorität haben.

Sie werden sich von Gott beherrschen lassen, nicht von ihren menschlichen Wünschen.

Sie werden sich nach seinem Willen, seinem Wort und seiner Gegenwart sehnen.

Sie werden Gott fürchten und ein besseres, längeres Leben haben. Denn: „Die Ehrfurcht vor dem Herrn verlängert das Leben, die Jahre der Gottlosen aber werden verkürzt" (Sprüche 10,27).

Als mein Mann und ich wussten, dass wir von Kalifornien nach Tennessee ziehen werden, beteten wir zuerst um eine gute Gemeinde mit einer guten Jugendgruppe. Dieses Gebet wurde erhört, und es war einer der Hauptgründe, dass unsere Kinder diese große Umstellung meistern konnten. In der neuen Gemeinde und in der Jugendgruppe fanden sie Freunde, die mit Gott lebten, und konnten weiter in ihrer Beziehung zu Gott wachsen. Eine Gemeinde, die aktiv Gottes Wort lehrt, Gottes Liebe weitergibt und Gottes Freude mit ihren Kindern und jungen Leuten teilt, kann unseren Kindern helfen, eine Sehnsucht nach Gott und seinem Willen zu entwickeln.

Beten wir dafür, dass unsere Kinder lernen, Gott zu fürchten, ihm und seinem Wort zu glauben und ihn von Herzen zu suchen. Das kann ein entscheidender Faktor dafür sein, ob sie ständig mit den Versuchungen der Welt zu kämpfen haben oder durch Gottes Geist ein erfülltes und gesegnetes Leben führen können. In der Bibel steht: „Die Gott ehren, haben alles, was sie brauchen" (Psalm 34,10). Man kann nie zu früh beginnen, dafür zu beten. Warten wir nicht!

Gebet

Herr, ich bete, dass *(Name des Kindes)* immer mehr Sehnsucht nach dir bekommt. Ich bitte dich, dass sie/er sich nach deiner Gegenwart sehnt – danach, in Gebet, Lob und Anbetung Zeit mit dir zu verbringen. Gib ihr/ihm Sehnsucht nach der Wahrheit deines Wortes und Liebe zu deinen Gesetzen und deinem Willen. Lehre sie/ihn, im Glauben zu leben, sich vom Heiligen Geist führen zu lassen und bereit zu sein, das zu tun, was du ihr/ihm aufträgst. Ich bitte dich, dass sie/er die Gegenwart deines Heiligen Geistes in sich so gut wahrnimmt, dass sie/er sofort zu dir kommt, um sich erneuern und erfrischen zu lassen, wenn sie/er erschöpft wird.

Ich bete, dass ihr/sein Herz sich an nichts anderes als dich bindet und sich nicht von der Gemeinschaft mit dir ablenken lässt. Lass ihr/ihm alles zuwider sein, was nicht dir entspricht und dir entgegensteht. Lass alles, was sie/er tut, und jede Entscheidung, die sie/er trifft, von der Ehrfurcht vor und Liebe zu dir geprägt sein. Hilf ihr/ihm, die Konsequenzen ihres/seines Handelns zu verstehen und zu wissen, dass ein Leben, das von der sündigen menschlichen Natur beherrscht ist, nur den Tod ernten kann. Hilf ihr/ihm, sich nicht selbst für klug zu halten, sondern vielmehr dich zu fürchten und das Böse zu meiden (Sprüche 3,7).

Bitte hilf ihr/ihm, glaubwürdig, zuverlässig, verantwortungsbewusst, mitfühlend, sensibel, liebevoll und freigebig zu sein. Bewahre sie/ihn vor Hochmut, Bequemlichkeit, Faulheit, Selbstsucht und den Versuchungen der menschlichen Natur. Bitte gib ihr/ihm einen gelehrigen, demütigen Geist, der „ja" zu deinem

Willen und „nein“ zur sündigen menschlichen Natur sagt. Mache sie/ihn stark genug, zu ihren/seinen Überzeugungen zu stehen.

Bitte schenk ihr/ihm den Wunsch, ein aktives Mitglied einer christlichen Gemeinde zu sein, die in der Wahrheit deines Wortes lebt und sich um Lobpreis, Gebet und Lehre bemüht, die von deinem Heiligen Geist geprägt sind. Wenn sie/er lernt, dein Wort zu lesen, dann schreib ihr/ihm dein Gesetz in Verstand und Herz, damit sie/er immer in der zuversichtlichen Gewissheit leben kann, dass deine Gebote gerecht sind. Wenn sie/er lernt zu beten, dann lehre sie/ihn bitte auch, auf deine Stimme zu hören. Bitte lass ihre/seine Beziehung zu dir nie lauwarm, gleichgültig oder oberflächlich sein. Gib ihr/ihm das Feuer deines Heiligen Geistes ins Herz und eine unerschütterliche Sehnsucht nach deinem Willen, Herr.

Das bete ich im Namen von Jesus.

Kraft aus Gottes Wort

Gott segnet die, die nach Gerechtigkeit hungern,
denn sie werden sie im Überfluss erhalten.
Matthäus 5,6

Die Ehrfurcht vor dem Herrn ist eine lebensspendende Quelle;
sie rettet vor den Stricken des Todes.
Sprüche 14,27

Ich aber bin mit Christus gekreuzigt, sodass ich jetzt nicht
mehr unter dem Gesetz stehe, sondern für Gott lebe.
Ich lebe, aber nicht mehr ich selbst,
sondern Christus lebt in mir. Ich lebe also mein Leben
in diesem irdischen Körper im Glauben an den Sohn Gottes,
der mich geliebt und sich selbst für mich geopfert hat.
Galater 2,19-20

Glücklich sind die, die sich an seine Weisungen halten
und ihn von ganzem Herzen suchen.
Psalm 119,2

Herr, zeige mir den richtigen Weg, damit ich nach deiner
Wahrheit lebe! Gib mir das Verlangen ins Herz, dich zu ehren.
Von ganzem Herzen will ich dich preisen, Herr, mein Gott.
Ich will deinen Namen stets verherrlichen.
Psalm 86,11-12

KAPITEL 10

Mensch nach Gottes Idee

Ich kenne einen Mann, der seine gut bezahlte Arbeit als Ingenieur für eine große Firma aufgab, um Automechaniker zu werden. Das tat er, weil er es mehr als alles andere liebte, Autos zu reparieren. Er war nicht nur der beste Automechaniker der Stadt, sondern auch ein glücklicher und erfüllter Mensch. Ich kenne einen anderen Mann, der sich weigerte, Pastor zu werden, so wie Gott es von ihm wollte, weil er lieber ein erfolgreicher Geschäftsmann werden wollte. Am Ende wurde seine Ehe geschieden, er verlor dadurch seine ganze Familie, musste den Tod seines kleinen Sohnes erleben und zusehen, wie sein Leben in Traurigkeit und Verlust zerfloss. Vielleicht wäre alles anders gekommen, wenn sein Vater oder seine Mutter für ihn gebetet hätten, oder wenn er jemanden gehabt hätte, der ihm geholfen hätte zu verstehen, wozu Gott ihn erschaffen hat.

Wenn man nicht weiß, wer man nach Gottes Willen sein soll, oder versucht, jemand zu sein, der man *nicht* ist, oder sich auch nur *wünscht*, jemand anderes zu sein, führt das nur zu Kummer, Frust und Unzufriedenheit. Das sehen wir an Erwachsenen, die Arbeitsstellen haben, die sie hassen, und deren Leben voller Enttäuschung ist und nie ihren Erwartungen entspricht. Die meisten dieser Menschen haben sich irgendwann von der Lüge verführen lassen, die besagt: „Ich bin nicht gut genug, so wie ich bin. Ich muss jemand anderes sein." Vielleicht wurden sie nie dazu ermutigt, die Stärken und Talente zu entdecken, die Gott ihnen gegeben hat. Ganz sicher haben sie nicht begriffen, wer sie nach Gottes Willen sein sollen.

Wir werden zu der Persönlichkeit, als die Gott uns erschaffen hat, wenn wir Gott um seine Führung bitten und dann tun, was er uns aufträgt. Der Prophet Jeremia sagte dem Volk Israel immer wieder, was Gott ihnen mitteilen wollte, doch sie weigerten sich, darauf zu hören. Schließlich sagte Gott: „Weil ihr nicht hören wolltet, als ich mit euch geredet habe, und ihr nicht geantwortet habt, als ich euch rief, will ich all das Unheil über Juda und die Bewohner Jerusalems bringen, das ich ihnen angedroht habe" (Jeremia 35,17). Uns stoßen schlimme Dinge zu, wenn wir nicht auf Gottes Stimme reagieren. Wir können dafür beten, dass unsere Kinder auf Gottes Stimme hören, damit sie nicht in solches Elend geraten.

Es gehört zu den Plänen des Teufels für junge Menschen, sie dazu zu bringen, sich mit anderen zu vergleichen, sich als unzulänglich zu beurteilen und dann zu versuchen, jemand anderes zu sein – jemand, als der sie gar nicht erschaffen sind. Junge Mädchen vergleichen sich mit anderen Mädchen und denken, die anderen haben tollere Haare, coolere Kleidung, ein schöneres Zuhause, sind beliebter, besser in der Schule oder talentierter und attraktiver. Jungen vergleichen sich mit anderen Jungen und denken, die anderen sind größer, sehen besser aus, sind bessere Sportler, besitzen mehr oder haben mehr Freunde, mehr Fähigkeiten. Dieses tägliche Vergleichen (bei dem man in den meisten Fällen schlecht abschneiden wird) kann die wahre Identität eines Kindes angreifen. Ich kenne viel zu viele junge Menschen, die sich spätestens in der Pubertät wünschen, jemand anderes zu sein. Statt dankbar dafür zu sein, wie und als wen Gott sie erschaffen hat, und ihre Energie darauf zu verwenden, Gottes Idee auszuleben, strengen sie sich mit aller Kraft an, etwas zu sein, das sie nicht sein können, oder etwas zu tun, das ihnen keine Erfüllung bringen wird. Unsere Gebete können diesen Plan des Feindes durchkreuzen und unseren Kindern ein klareres Bild von sich und ihrer Zukunft verschaffen.

Schon als meine Kinder noch klein waren, betete ich dafür, dass Gott uns ihre Begabungen und Talente zeigt. Daneben bat ich um Weisheit, sie gut ermutigen, fördern, aufbauen und ausbilden zu können, sodass sie werden konnten, was Gott für sie im Sinn hatte. Dazu gehörte es, ihre Stärken wertzuschätzen und nicht auf ihren Schwächen herumzuhacken. In den Teenagerjahren der beiden war das nicht einfach, und deswegen betete ich in der Zeit besonders häufig darum.

Ich wollte meinem Sohn und meiner Tochter helfen zu verstehen, als welche Menschen Gott sie erschaffen hat, und dazu war es wichtig, sie in ihrer Beziehung zu Jesus zu ermutigen. Ich wusste, dass sie nie ganz verstehen würden, wer *sie* sind, bis sie verstanden, wer *Gott* ist.

In der Bibel verspricht Gott, seinen Geist auf unsere Kinder auszugießen, und er sagt: „Sie werden wachsen wie Gras am Ufer, wie Weiden am Fluss. Manche werden von sich sagen: ‚Ich gehöre dem Herrn.' (...) Wieder andere werden sich ‚Eigentum des Herrn' auf die Hände schreiben" (Jesaja 44,4-5). Diese Kinder werden wissen, wer sie sind. Sie werden von Gottes Geist erfüllt sein und die innere Gewissheit haben, dass sie ihm gehören. Ein Kind, das voller Überzeugung sagen kann: „Ich gehöre dem Herrn", wird diese fröhliche Zuversicht nach außen ausstrahlen. Wünschen Sie sich das auch für Ihr Kind? Dann beten Sie dafür.

Gebet

Herr, ich bitte dich, dass du *(Name des Kindes)* heute deinen Geist sendest und ihn/sie zu allem befähigst und segnest, wozu du ihn/sie berufen hast. Herr, dein Wort sagt: „Bleibt so vor Gott, wie ihr wart, als er euch berief" (1. Korinther 7,24). Lass dieses Kind deinem Wort entsprechend nie von dem abweichen, wozu du ihn/sie berufen hast. Lass es nie versuchen, etwas zu sein, das er/sie nicht ist.

Bitte rette *(Name des Kindes)* vor jedem bösen Plan des Teufels, ihm/ihr das Leben zu stehlen, ihn/sie seiner/ihrer Einzigartigkeit und Begabung zu berauben, ihn/sie zu Kompromissen auf dem Weg zu verleiten, den du für ihn/sie vorgesehen hast, oder die Persönlichkeit zu zerstören, als die du ihn/sie erschaffen hast. Bitte hilf ihm/ihr, niemandem außer dir nachzufolgen und Menschen zu dir zu führen. Hilf ihm/ihr, immer mehr zu verstehen, welche Vollmacht er/sie in Jesus hat, und dabei gehorsam und demütig zu bleiben.

Lass in ihm/ihr täglich die Früchte deines Geistes wachsen: Liebe, Freude, Frieden, Geduld, Freundlichkeit, Güte, Treue, Sanftmut und Selbstbeherrschung (Galater 5,22-23). Lass ihn/sie seine/ihre Identität in dir finden, sich als dein Instrument betrachten und wissen, dass er/sie in dir ein rundum vollständiger Mensch ist. Gib ihm/ihr eine Vision für seine/ihre Zukunft und Zielstrebigkeit für das, wozu du ihn/sie berufen hast. Hilf ihm/ihr, sich so zu sehen, wie du ihn/sie siehst – von seiner/ihrer Zukunft und nicht von seiner/ihrer Vergangenheit her.

Schenk ihm/ihr die Überzeugung, dass du Gedanken des Friedens und nicht des Leides für ihn/sie hast, um ihm/ihr Zukunft und Hoffnung zu geben (Jeremia 29,11). Lehre ihn/sie, seine/ihre Hoffnung für die Zukunft von dir zu erwarten. Bitte hilf ihm/ihr zu verstehen, dass du „uns erlöst und berufen hast; nicht aufgrund unserer Taten, sondern weil du schon lange, bevor es die Welt gab, entschieden hattest, uns durch Christus Jesus seine Gnade zu zeigen" (2.Timotheus 1,9). Hilf ihm/ihr, sich darauf zu konzentrieren, wer er/sie nach deinem Willen sein soll, und lass ihn/sie so täglich durch den Heiligen Geist mehr Gewissheit und Mut gewinnen.

Das bete ich im Namen von Jesus.

Kraft aus Gottes Wort

Ihr seid ein auserwähltes Volk. Ihr seid eine königliche
Priesterschaft, Gottes heiliges Volk, sein persönliches Eigentum.
So seid ihr ein lebendiges Beispiel für die Güte Gottes,
denn er hat euch aus der Finsternis in sein
wunderbares Licht gerufen.

1. Petrus 2,9

Kein Auge hat je gesehen, kein Ohr je gehört
und kein Verstand je erdacht,
was Gott für diejenigen bereithält, die ihn lieben.

1. Korinther 2,9

Deshalb, liebe Freunde, bemüht euch zu zeigen,
dass Gott euch berufen und erwählt hat!
Wenn ihr das tut, werdet ihr niemals stolpern
oder von Gott abfallen.

2. Petrus 1,10

Und wir wissen, dass für die, die Gott lieben
und nach seinem Willen zu ihm gehören,
alles zum Guten führt. Denn Gott hat sie schon vor Beginn der
Zeit auserwählt und hat sie vorbestimmt, seinem Sohn gleich
zu werden, damit sein Sohn der Erstgeborene
unter vielen Geschwistern werde.
Und da er sie erwählt hat, hat er sie auch berufen,
zu ihm zu kommen.

Er hat sie gerecht gesprochen und hat ihnen Anteil an seiner Herrlichkeit gegeben.

Römer 8,28-30

Steh auf und leuchte! Denn dein Licht ist gekommen und die Herrlichkeit des Herrn erstrahlt über dir.

Jesaja 60,1

KAPITEL 11

Der Wahrheit folgen, Lügen widerstehen

Bei uns daheim wussten unsere Kinder, dass es die Möglichkeit gab, für bestimmte Regelverstöße eine „Strafminderung" auszuhandeln. Wenn allerdings Lügen im Spiel waren, erfolgte die Strafe stets unverzüglich, unmittelbar, sie war unangenehm und nicht verhandelbar. Lügen ist in unseren Augen das schlimmste Vergehen, weil es die Grundlage für alle anderen bösen Taten ist. Jede Sünde und jedes Verbrechen beginnt damit, dass jemand lügt oder einer Lüge glaubt. Selbst wenn es eine so einfache Lüge ist wie: „Ich kann durch Lügen bekommen, was ich will", ebnet es dem Bösen den Weg.

Meine Tochter testete ihre Grenzen schon früh mit kleinen, „harmlosen" Lügen aus. Doch es dauerte nicht lange, bis sie erkannte, dass die Strafe fürs Lügen jeden möglichen Vorteil in den Schatten stellte. Mein Sohn hingegen „stümperte" nicht nur herum. Wenn er log, dann richtig.

Als Christopher sieben Jahre alt war, spielte er eines Tages mit seinem Freund Steven vor dessen Elternhaus Baseball. Der Ball traf das große Panoramafenster – das lautstark zerbarst. Sofort tauchte Stevens Mutter an der Haustür auf.

„Wer war das?", fragte sie.

„Ich war's nicht", antwortete Steven.

„Ich auch nicht", sagte Christopher.

„Steven, willst du mir etwa erzählen, dass du das Fenster nicht mit diesem Ball getroffen hast?", fragte sie noch einmal.

„Nein, ich war's nicht", wiederholte Steven mit Nachdruck.

„Christopher, hast *du* das Fenster mit dem Ball getroffen?", fragte sie.

„Wenn Sie mich dabei gesehen haben, war ich es. Wenn Sie mich nicht dabei gesehen haben, war ich es nicht", erwiderte Christopher mit sachlichem Ton.

„Ich habe dich nicht dabei gesehen", erklärte Stevens Mutter.

„Dann war ich es auch nicht", entgegnete Christopher.

Als Stevens Mutter uns erzählte, was passiert war, wussten wir, dass wir sofort reagieren mussten, damit Christopher nicht dachte, er könne mit Lügen ungestraft davonkommen.

„Christopher, jemand hat die ganze Sache gesehen. Möchtest du es uns erzählen?", fragte ich. Ich wollte, dass er ein vollständiges Geständnis ablegt, und zwar mit reuigem Herzen.

Er ließ den Kopf hängen und sagte: „Okay, ich war's."

Anschließend führten wir ein langes Gespräch darüber, was Gottes Wort übers Lügen sagt. „Der Teufel ist ein Lügner", erklärte ich ihm. „Alles Böse, was er tut, beginnt mit einer Lüge. Menschen, die lügen, meinen, dass durchs Lügen etwas besser für sie wird. Doch in Wirklichkeit passiert genau das Gegenteil, weil lügen bedeutet, dass man sich auf die Seite des Teufels gestellt hat. Je mehr du lügst, desto mehr gibst du Satans Lügengeist Raum in deinem Herzen, bis du am Ende gar nicht mehr aufhören kannst zu lügen. Die Bibel sagt: ‚Durch Lügen erworbener Reichtum löst sich in Dunst auf und ist eine tödliche Falle' (Sprüche 21,6). Mit anderen Worten, du *denkst* vielleicht, du könntest durchs Lügen etwas gewinnen, doch in Wirklichkeit bringst du nur den Tod in dein Leben. Die Wahrheit zu sagen, hat in jedem Fall weniger schlimme Folgen als den Tod. Selbst die Strafe, die du von deinen Eltern fürs Lügen bekommst, ist viel angenehmer als die Folgen des Lügens. Die Bibel sagt nämlich: ‚Ein falscher Zeuge wird nicht straflos ausgehen, und ein Lügner wird nicht ungestraft davonkommen' (Sprüche 19,5)."

Erst eine ganze Weile nach diesem Vorfall fragte mich Christopher, wer ihn an diesem Tag gesehen hatte.

„Gott", erklärte ich. „Er hat dich gesehen. Ich bitte ihn immer, mir alles zu zeigen, was ich über dich und deine Schwester wissen muss. Verstehst du, er ist der Geist der Wahrheit."

„Das ist nicht fair, Mama." Mehr sagte Christopher nicht dazu. Danach kam er allerdings immer gleich zu mir und beichtete, wenn er doch noch einmal gelogen hatte (was nicht mehr oft geschah).

„Ich dachte, ich sage es dir lieber selbst, bevor du es von Gott hörst", erklärte er dann.

Kinder lügen dann und wann einmal. Die Frage ist nicht, *ob* sie lügen werden, sondern ob sie meinen, mit ihrem Lügen ungestraft davonkommen zu können. Unser Umgang mit diesem Problem bestimmt das Ergebnis. Wenn wir unseren Kindern nicht beibringen, was Gott übers Lügen sagt, können sie nicht wissen, warum es falsch ist. Wenn wir sie fürs Lügen nicht bestrafen, werden sie meinen, dass Lügen keine Konsequenzen hat. Wenn wir das Problem nicht gleich im Gebet angehen, gibt es später umso größere Probleme.

Die Bibel sagt über den Teufel: „Er war von Anbeginn an ein Mörder und hat die Wahrheit immer gehasst. In ihm ist keine Wahrheit. Wenn er lügt, entspricht das seinem Wesen, denn er ist ein Lügner und der Vater der Lüge" (Johannes 8,44). Wenn man an die Quelle denkt, kann man keinesfalls einfach danebenstehen und zulassen, dass die Saat der Lüge Wurzeln im Herzen eines Kindes schlägt.

Beten wir darum, dass Gott den Geist der Lüge an der Wurzel ausreißt – nicht nur im Herzen unserer Kinder, sondern auch *bei uns selbst*. Manchmal gehen Eltern dieses Problem bei ihren Kindern nicht konsequent genug an, weil sie selbst lügen. Wir müssen uns davon ganz abwenden und der Wahrheit folgen. Wir müssen für unsere Kinder ein Vorbild sein. *Wir* wollen so wie Johannes sagen können: „Ich kenne keine größere Freude als zu hören, dass meine Kinder so leben, wie es der Wahrheit Gottes entspricht" (3. Johannes 1,4). Wir wollen nicht, dass unsere Kinder sich auf die Seite des Vaters der Lüge stellen, sondern, dass sie auf der Seite des Vaters des Lichts stehen (siehe Jakobus 1,17).

Gebet

Herr, ich bete, dass du *(Name des Kindes)* mit deinem Geist der Wahrheit erfüllst. Gib ihr/ihm ein Herz, das die Wahrheit liebt und ihr folgt und das alle Lügen als Eingriffe des Feindes zurückweist. Reinige sie/ihn von allem, was einem lügnerischen Geist Vorschub leisten könnte, und von allem Tödlichen, das sich als Folge ihrer/seiner Lügen in Worten oder Gedanken eingeschlichen haben könnte. Hilf ihr/ihm zu verstehen, dass jede Lüge dem Teufel ein Stück ihres/seines Herzens gibt und in die entstehende Lücke Verwirrung, Tod und Trennung von deiner Gegenwart treten. Rette sie/ihn vor jedem lügnerischen Geist. Ich bitte dich, dass sie/er sich nicht blenden oder verführen lässt, sondern deine Wahrheit immer klar verstehen kann.

Lass sie/ihn nie ungestraft mit Lügen davonkommen, sondern alle Lügen ans Licht kommen und aufgedeckt werden. Wenn sie/er lügt, dann lass es ihr/ihm so schlecht damit gehen, dass ein Geständnis und die dazugehörigen Konsequenzen ihr/ihm als Erleichterung erscheinen. Hilf mir, ihr/ihm beizubringen, was Lügen sind, und sie/ihn wirksam zurechtzuweisen, wenn sie/er dieses Prinzip austestet. Dein Wort sagt: „Wenn der Geist der Wahrheit kommt, wird er euch in alle Wahrheit leiten" (Johannes 16,13). Bitte lass deinen Geist *(Name des Kindes)* in alle Wahrheit leiten. Lass sie/ihn nie ein Mensch sein, der Lügen Raum gibt, sondern vielmehr ein aufrichtiger Mensch, der konsequent dem Geist der Wahrheit nachfolgt.

Das bete ich im Namen von Jesus.

Kraft aus Gottes Wort

Der Herr verabscheut die, die ihr Wort nicht halten, aber er hat Freude an denen, die es erfüllen.

Sprüche 12,22

Vor Kummer weine ich; ermutige mich durch dein Wort. Bewahre mich davor, zu lügen und zu betrügen, und lehre mich in deiner Güte dein Gesetz.

Psalm 119,28-29

Gnade und Treue sollen dir nicht verloren gehen. Trage sie wie eine Kette um deinen Hals und schreibe sie dir tief in dein Herz. Dann wirst du freundlich und klug werden und Anerkennung bei Gott und den Menschen finden.

Sprüche 3,3-4

Der Böse wird kommen, um mit mächtigen Taten und verlogenen Zeichen und Wundern das Werk des Satans zu tun. Mit üblen Täuschungen wird er die Menschen verführen, die ihrem Verderben entgegengehen, weil sie nicht an die Wahrheit glauben wollen, die sie retten könnte.

2. Thessalonicher 2,9-10

Wenn ihr mich liebt, werdet ihr meine Gebote halten. Und ich werde den Vater bitten, und er wird euch einen anderen Ratgeber geben, der euch nie verlassen wird. Es ist der Heilige Geist, der in alle Wahrheit führt.

Die Welt kann ihn nicht empfangen, denn sie sucht ihn nicht und erkennt ihn nicht. Ihr aber kennt ihn, weil er bei euch bleibt und später in euch sein wird.

Johannes 14,15-17

KAPITEL 12

Gesundheit und Heilung erbitten

Als meine Tochter vier Jahre alt war, wurde bei ihr ein Augenproblem festgestellt. Der Arzt sagte, sie brauchte eine Operation und für den Rest ihres Lebens eine starke Brille.

„Herr, ist das dein Plan für meine Tochter?“, betete ich. „Wenn ja, dann zeig es mir bitte, denn ich habe keinen Frieden darüber.“

Meinem Mann ging es wie mir, also beteten wir dafür, dass Gott Amandas Augen heilt. Wir beteten auch, dass wir, wenn nötig, einen anderen Arzt finden würden, der ihr helfen konnte. Am nächsten Tag erhielt ich, scheinbar wie aus dem Nichts, einen Anruf von jemandem, der keine Ahnung von Amandas Situation hatte, aber einen ausgezeichneten Spezialisten in der Augenklinik des Kinderkrankenhauses von Los Angeles empfehlen konnte. Dorthin ging ich mit Amanda, und nachdem er sie gründlich untersucht hatte, hatte er ermutigende Nachrichten für uns. Er war überzeugt, dass Kontaktlinsen das Problem beheben würden und sie keine Operation brauchte. Diese Diagnose brachte uns sofort Frieden, und wir vertrauten Amanda der Fürsorge dieses Arztes an. Trotzdem hörten wir nicht auf, für ihre Heilung zu beten.

Acht Jahre lang trug sie unter der strengen Aufsicht des Arztes Kontaktlinsen. Hin und wieder waren wir es leid, ihr jeden Morgen die Kontaktlinsen einzusetzen und sie abends wieder herauszunehmen, und ich wurde es leid, jedes Mal in die Schule fahren zu müssen, wenn Amanda auf dem Schulhof eine Linse verloren hatte. Doch wir hielten durch. Eines Tages, als sie zwölf Jahre alt war, sagte ihr Augenarzt bei der Routineuntersuchung: „Du brauchst keine Kontaktlinsen mehr, keine Brille und keine Operation. Deine Augen sind in Ordnung." Wir waren ganz außer uns vor Freude und Gott für seine Führung und die Gebetserhörung dankbar.

Wir haben bei jeder Erkältung, jeder Grippe, jedem Fieber und jeder Verletzung für unsere Kinder gebetet, und Gott hat immer geantwortet. Wir haben natürlich nie gezögert, mit unseren Kindern zum Arzt zu gehen, wenn es nötig war, weil wir wissen, dass Gott auch durch Ärzte heilt. Doch in der Bibel heißt es: „Ist einer von euch krank? Dann soll er die Ältesten der Gemeinde holen lassen, damit sie für ihn beten und ihn im Namen des Herrn mit Öl salben. Ihr Gebet im Glauben an Gott wird den Kranken heilen, und der Herr wird ihn aufrichten" (Jakobus 5,14-15). Das Entscheidende ist, zuerst zu beten und dann bei Bedarf einen Arzt aufzusuchen. Wenn wir dann geheilt werden, sollen wir die Heilung nicht infrage stellen oder anzweifeln.

Nach dem Autounfall unseres Sohnes, von dem ich bereits erzählt habe, taten ihm Rücken und Knie sehr weh. Natürlich beteten wir sofort für seine Heilung und ließen ihn im Krankenhaus röntgen und gründlich untersuchen. Wir beteten jedoch weiter für seine vollständige Heilung, weil wir nicht wollten, dass sein Rücken und seine Knie ihm für den Rest seines Lebens Probleme bereiteten. Als die Versicherung des Unfallverursachers anrief, um den Schaden zu begleichen, legte mir Gott eindrücklich einen Bibelvers aufs Herz: „„Denn ich will deine

Wunden verbinden und dich heilen', spricht der Herr" (Jeremia 30,17). Ich war mir sicher, dass mein Sohn geheilt war und dass wir jeglichen Schadenersatz ablehnen sollten. Es war so, als sagte Gott zu mir: „Willst du das Geld oder die Heilung?"

„Ich will die Heilung, Herr, und vielen Dank!", antwortete ich ohne Zögern.

Damit will ich nicht sagen, dass es von einem Mangel an Glauben zeugt, wenn man Versicherungsgeld annimmt – ganz und gar nicht. Doch in diesem Fall war es richtig für uns, das Geld abzulehnen. Wenn wir um Heilung beten und Gott heilt, dann sollten wir uns nicht so verhalten, als hätte er es nicht getan.

In der Bibel finden wir viele Verheißungen auf Heilung. David sagte: „Mit meiner Seele will ich den Herrn loben und das Gute nicht vergessen, das er für mich tut. Er vergibt mir alle meine Sünden und heilt alle meine Krankheiten" (Psalm 103,2-3). Jesus will vor allem unsere Sünden vergeben, doch er möchte auch unseren Körper heilen. Nehmen wir die Gesundheit und die Heilung in Anspruch, die er für unsere Kinder bereithält, indem wir schon darum beten, *bevor* es nötig ist.

Gebet

Herr, weil du uns in deinem Wort aufgetragen hast, füreinander zu beten, um geheilt zu werden, bete ich um Heilung und Gesundheit für *(Name des Kindes)*. Ich bitte dich, dass Krankheit und Gebrechen keinen Platz und keine Macht in seinem/ihrem Leben haben. Ich bitte dich um Schutz gegen jede Krankheit, die in seinen/ihren Körper kommen will. Dein Wort sagt: „Er sprach ein Wort, und sie wurden gesund – so rettete er sie an der Schwelle des Todes" (Psalm 107,20). Wo es in seinem/ihrem Körper Krankheiten oder Schwäche gibt, da bitte ich dich um dein Eingreifen mit deiner heilenden Kraft, sodass er/sie wieder ganz gesund wird.

Bewahre ihn/sie vor jeder Gefahr oder Verletzung, die ihm/ihr begegnen könnte. Besonders bitte ich dich um Heilung für *(evtl. konkretes gesundheitliches Problem einsetzen)*. Wenn wir deswegen einen Arzt aufsuchen sollen, bitte ich dich, Herr, uns den richtigen zu zeigen.

Danke, Herr, dass du für uns gelitten hast und gestorben bist, damit wir geheilt werden können. Ich nehme diese Heilung in Anspruch, die du in deinem Wort versprochen hast und die denen offensteht, die an dich glauben. Ich bitte dich für mein Kind um ein Leben voller Gesundheit, Heilung und Heilsein.

Das bete ich im Namen von Jesus.

Kraft aus Gottes Wort

Doch wegen unserer Vergehen wurde er durchbohrt,
wegen unserer Übertretungen zerschlagen.
Er wurde gestraft, damit wir Frieden haben.
Durch seine Wunden wurden wir geheilt!

Jesaja 53,5

Bekennt einander eure Schuld und betet füreinander, damit ihr geheilt werdet. Das Gebet eines gerechten Menschen hat große Macht und kann viel bewirken.

Jakobus 5,16

Für euch aber, die ihr meinen Namen achtet, wird die Sonne der Gerechtigkeit aufgehen, und ihre Strahlen werden Heilung bringen.

Maleachi 3,20

Dieses Leiden gehört zu dem Leben, zu dem Gott euch berufen hat. Christus, der für euch litt, ist euer Vorbild, dem ihr nacheifert. (...) An seinem eigenen Körper hat er unsere Sünden an das Kreuz hinaufgetragen, damit wir für die Sünde tot sind und für die Gerechtigkeit leben können. Durch seine Wunden seid ihr geheilt worden!

1. Petrus 2,21.24

Wenn du so handelst, wird dein Licht aufleuchten wie die
Morgenröte. Deine Heilung wird schnelle Fortschritte machen.
Deine Gerechtigkeit geht dir dann voraus
und die Herrlichkeit des Herrn folgt dir nach.

Jesaja 58,8

KAPITEL 13

Motiviert zu einem gesunden Lebensstil

Wenn man Kinder in dieser Welt voller ungesundem Essen sich selbst überlässt, greifen sie unweigerlich zu den falschen Dingen. Vieles von dem, was wir essen, ist so modifiziert, stark verarbeitet, ausgelaugt, verändert und mit Zusätzen versehen, dass es nur noch wenig Nährwert hat. Aber Kindern ist das egal. Sie wollen einfach nur Essen, das gut aussieht, riecht und schmeckt – und wenn sie es noch dazu in einer Fernsehwerbung gesehen haben, umso besser. Wenn man, so wie ich, einen Ehepartner hat, der ungesundes Essen liebt und für sich und die Kinder ins Haus holt, ist die Situation noch schwieriger. Ich wusste, dass ich ein Problem hatte, als ich eines Tages nach Hause kam und in der Flasche meines zehn Monate alten Sohnes, der den Nachmittag über in der Obhut seines Vaters gewesen war, Cola vorfand. Damals wurde mir klar, dass das Gebet meine einzige Hoffnung war.

Ich tat mein Bestes, um die gesunden Mahlzeiten, die ich zubereitete, appetitlich zu machen, und ich versuchte, meinen Kindern eine gesunde Ernährungsweise beizubringen. Ich war sogar bereit, ihre Kritik auszuhalten.

„Das ist scheußlich. Wir sind die einzigen Leute auf der Welt, die keine Fertiggerichte im Kühlschrank haben“, erklärte mein Sohn voller Abscheu.

„Wir sind so gesund, dass es mich ganz krank macht", sagte meine Tochter mit Tränen in den Augen.

Weil ich glaube, dass „ein trockenes Brot, in Frieden verzehrt, (...) besser ist als ein Festessen im Streit" (Sprüche 17,1), habe ich das Thema längst nicht so oft problematisiert, wie ich es gern getan hätte. Ich kann meine Kinder nicht zu einer gesunden Ernährung zwingen, wenn ich nicht da bin, um sie daran zu erinnern, das ist mir klar. Nur Gottes Kraft kann etwas bewirken, und dafür muss ich beten.

Fast jeder hat ein paar Schwierigkeiten, richtig mit seinem Körper umzugehen. Doch durch die Gesundheitsratgeber, die ich geschrieben habe, und meine Fitnessvideos bin ich mit unzähligen Menschen in Kontakt gekommen, die mit diesen Problemen schwer zu kämpfen haben – die entsetzlich darunter leiden und fast daran verzweifeln. Wir tun unseren Kindern keinen Gefallen, wenn wir sie nicht im Gebet unterstützen und sie zu einem gesunden Leben anleiten, damit sie gar nicht erst diese Probleme bekommen.

Wenn die Kinder noch klein sind, kann man dafür beten, dass sie gesunde Nahrungsmittel mögen und gern Sport treiben und auf ihren Körper achten. Andernfalls kann es sein, dass sie bis zur Pubertät bereits schlechte Gewohnheiten entwickelt haben und die Situation dann rasch außer Kontrolle gerät. Das lässt sich an den vielen Essstörungen sehen, die es bei Mädchen im Teenager- und Studentenalter gibt und die inzwischen auch immer häufiger bei Jungen zu finden sind. Fangen wir an zu beten, bevor solche Symptome auftauchen.

Wenn die Kinder älter sind, können wir ebenfalls sofort anfangen, für sie zu beten. Viele junge Frauen, die an Magersucht und Bulimie leiden, haben nicht nur körperliche Probleme; sie haben es auch mit einem geistlichen Kampf zu tun. Diese Bindung an zwanghafte, tödliche Essgewohnheiten steht völlig dem entgegen, was Gott für ihr Leben will. Ich kenne viele junge Frauen, die in dieser Hinsicht leiden. Diejenigen von ihnen, deren Eltern für sie beten, können später oft Erfolgsgeschichten erzählen. Andere haben es nicht so gut.

Ihr Kind braucht die Führung und Kraft des Heiligen Geistes, um zu tun, was gut für seinen Körper ist. Ihre Gebete können ihm viele Niederlagen, Enttäuschungen und Kummer ersparen. Hätten Sie sich nicht auch jemanden gewünscht, der in dieser Hinsicht für Sie betet? Ich schon.

Gebet

Herr, ich bitte dich für *(Name des Kindes),* dass du in ihr/ihm den Wunsch weckst, sich gesund zu ernähren. Ich weiß, dass sie/er ihr/sein Leben lang in der Versuchung stehen wird, in diesem Bereich falsche, zerstörerische Entscheidungen zu treffen. Hilf ihr/ihm zu verstehen, was gut für sie/ihn ist und was nicht, und gib ihr/ihm den Wunsch nach einer gesunden Ernährung. Lass schädliche Nahrungsmittel für sie/ihn abstoßend oder unbefriedigend sein.

Ich bete auch, dass sie/er von allen Formen von Essstörungen verschont bleibt – von Magersucht, Bulimie, Esssucht, Nulldiäten und unausgewogenen Ernährungsgewohnheiten. Du hast uns Vollmacht über alles Zerstörerische versprochen (Lukas 10,19); daran halte ich mich fest.

Herr, du sagst in deinem Wort: „Ihr werdet die Wahrheit erkennen, und die Wahrheit wird euch frei machen" (Johannes 8,32). Hilf ihr/ihm, die Wahrheit darüber zu erkennen, wie sie/er nach deinem Willen leben soll, damit sie/er frei von ungesunden Gewohnheiten sein kann. Bitte wecke in ihr/ihm nicht nur den Wunsch nach gesunder Ernährung, sondern auch zu regelmäßigem Sporttreiben, zu ausreichendem Trinken und durch die Beschäftigung mit deinem Wort zu einem ausgeglichenen, stressarmen Leben. Wenn ihr/ihm diese Punkte Probleme bereiten, dann hilf ihr/ihm, sich an dich zu wenden und zu sagen: „Herr, zeige mir, wie ich leben soll, und führe mich den Weg, der richtig ist" (Psalm 27,11). Zeig ihr/ihm, dass ihr/sein Körper ein Tempel deines Heiligen Geistes ist.

Bitte hilf ihr/ihm, den Körper, den du ihr/ihm geschenkt hast, wertzuschätzen und gut dafür zu sorgen. Hilf ihr/ihm ihren/seinen Körper nicht zu kritisch zu betrachten und auch nicht durch die Brille der öffentlichen Meinung und Akzeptanz. Ich bete, dass sie/er sich nicht von den Verführungen der Modezeitschriften, des Fernsehens oder der Filme bestimmen lässt, die versuchen, sie/ihn mit einem bestimmten Maßstab von Aussehen zu beeinflussen. Befähige sie/ihn zu sagen: „Wende meine Augen von nutzlosen Dingen ab, lass mich durch dein Wort leben" (Psalm 119,37). Hilf ihr/ihm zu erkennen, was einen Menschen wahrhaft anziehend macht, nämlich dein Heiliger Geist, der in ihr/ihm lebt und nach außen strahlt. Lass sie/ihn erkennen, dass die wahre Schönheit eines Menschen in einem Herzen voller Liebe zu Gott beginnt.

Bitte leg deine Vorstellungen von Gesundheit und Schönheit in ihr/sein Herz hinein und schenk ihr/ihm den Wunsch, angemessen für ihren/seinen Körper zu sorgen, weil er der Tempel deines Heiligen Geistes ist.

Das bete ich im Namen von Jesus.

Kraft aus Gottes Wort

Wisst ihr nicht, dass euer Leib ein Tempel
des Heiligen Geistes in euch ist, der in euch lebt und euch
von Gott geschenkt wurde? Ihr gehört nicht euch selbst,
denn Gott hat einen hohen Preis für euch bezahlt.
Deshalb ehrt Gott mit eurem Leib!

1. Korinther 6,19-20

Gott wird jeden ins Verderben stürzen,
der diesen Tempel verdirbt.
Denn Gottes Tempel ist heilig, und ihr seid dieser Tempel.

1. Korinther 3,17

Weil Gott so barmherzig ist, fordere ich euch nun auf,
liebe Brüder, euch mit eurem ganzen Leben für Gott
einzusetzen. Es soll ein lebendiges und heiliges Opfer sein –
ein Opfer, an dem Gott Freude hat.
Das ist ein Gottesdienst, wie er sein soll.

Römer 12,1

Haltet euch an Jesus Christus, den Herrn, und lasst euer Leben
von ihm bestimmen. Gebt euren Wünschen nicht so weit
nach, dass ihr von euren Leidenschaften beherrscht werdet.

Römer 13,14

Was immer ihr esst oder trinkt oder tut, das tut zur Ehre Gottes!

1. Korinther 10,31

KAPITEL 14

Die Lust am Lernen fördern

Auf der sozialen Ebene war die Schule ein Albtraum für mich, aber gute Noten zu schreiben war leicht. Darum dachte ich nie daran, dafür zu beten, dass meine Kinder die Fähigkeit und Motivation zum Lernen haben – so lange, bis klar wurde, dass eines meiner Kinder eine Lese-Rechtschreib-Schwäche hatte. Weil dieses Kind eine schnelle Auffassungsgabe besaß, intelligent und außergewöhnlich begabt war, war ich nie auf die Idee gekommen, es könnte Lernschwierigkeiten haben. Allerdings fiel ihm die Schule von Anfang an schwer, und wir wussten nicht, was los war, bis die Lernbehinderung in der dritten Klasse professionell diagnostiziert wurde. Obwohl es deswegen viele kummervolle Momente gab, hat uns das Gebet immer geholfen. Mein Ehemann, ich und unsere Gebetspartner beteten immer, dass dieses Kind entweder vollständig geheilt wird oder völligen Frieden mit seiner Situation findet. Am Ende unterrichtete ich das Kind in den letzten zwei Highschool-Jahren selbst zuhause und konnte ihm die Freude am Lernen zurückgeben, die es verloren hatte. Heute ist dieses Kind sehr erfolgreich in einem Beruf, der gut zu seinen besonderen, von Gott gegebenen Talenten passt. Seinen Studienabschluss dafür machte es unter den Besten seines Jahrgangs. Die schweren Jahre sind aufgewogen worden.

Natürlich haben wir alle irgendwo unsere Defizite. Gut, dass Gott sie mit seiner Kraft ausgleicht. Sein Wort sagt: „Wir halten uns selbst nicht dazu fähig, irgendetwas zu bewirken, was bleibenden Wert hätte. Unsere Kraft dazu kommt von Gott" (2.Korinther 3,5). Wahres Wissen und Verstehen beginnt mit und kommt von Gott.

Die Bibel lehrt uns, dass Weisheit mit der Ehrfurcht vor Gott und seinem Willen beginnt. Wenn wir seine Worte und Gebote annehmen und wertschätzen, wenn wir uns bemühen, zu verstehen und Gott um seine Hilfe dabei bitten, wenn wir uns so sehr um Verstand bemühen wie um einen versteckten Schatz, dann werden wir Gottes Weisheit finden (Sprüche 2,1-12). Und diese Weisheit ist unendlich – so groß, dass sie uns vor Bösem schützt und rettet.

Die Fähigkeit eines Kindes zu lernen und die Lust am Lernen sind nicht selbstverständlich. Sogar wenn das Kind noch im Mutterleib ist, können wir schon beten: „Herr, lass dieses Kind mit einem guten, starken, gesunden Verstand und Körper auf die Welt kommen und hilf ihm, sich immer von dir lehren zu lassen." Je eher wir anfangen zu beten, umso besser, doch ganz gleich, wie alt Ihr Kind ist: Ihre Gebete werden auf Dauer etwas Gutes in seinem Leben bewirken.

Gebet

Herr, ich bete, dass *(Name des Kindes)* tiefe Ehrfurcht vor dir und deinem Willen bekommt. Lass ihn/sie dein Wort wie einen Schatz in seinem/ihrem Herzen bewahren und sich um Verstand bemühen wie um Silber oder Gold. Gib ihm/ihr einen wachen Geist, Verstand und die Fähigkeit zu lernen. Schenk ihm/ihr den Wunsch, sich Wissen und Fertigkeiten anzueignen, und gib ihm/ihr Freude daran. Vor allem hilf ihm/ihr, sich von dir lehren zu lassen, denn dein Wort sagt, dass diejenigen, die sich von dir lehren lassen, in großer Zufriedenheit leben werden (Jesaja 54,13). Dein Wort sagt außerdem: „Die Ehrfurcht vor dem Herrn ist der Anfang der Erkenntnis. Nur Narren verachten Weisheit und Selbstbeherrschung" (Sprüche 1,7). Hilf ihm/ihr, sich nicht töricht vom Lernen abzuwenden, sondern vielmehr die Erkenntnisse, die er/sie braucht, von dir zu erbitten.

Ich bete, dass er/sie die Weisheit seiner/ihrer Eltern respektiert und bereit ist, sich von ihnen lehren zu lassen. Schenk ihm/ihr auch den Wunsch, sich von den Lehrern lehren zu lassen, die du in sein/ihr Leben bringst. Bitte suche jeden Lehrer selbst aus, und lass es Menschen sein, die nach deinem Willen leben und von denen er/sie gut lernen kann. Bewahre ihn/sie vor jedem Lehrer, der ihn/sie gegen deinen Willen beeinflussen könnte oder für ein schlechtes Lernumfeld sorgen würde. Lass ihn/sie Wohlwollen bei den Lehrern finden und gut mit ihnen kommunizieren können. Hilf ihm/ihr, in der Schule gute Leistungen zu bringen. Ebne ihm/ihr die Wege fürs Lernen und hilf, dass er/sie sich nicht dafür abkämpfen muss. Stell die richtigen Verbindungen in seinem/ihrem Gehirn her, damit er/sie klar denken, gut lernen und sich gut organisieren und erinnern kann.

Ich möchte *(Name des Kindes)* nach deinem Wort sagen: „Nimm die Zurechtweisung an und öffne deine Ohren für Worte der Einsicht“ (Sprüche 23,12); „Der Herr wird dir in all diesen Dingen das nötige Verständnis geben“ (2.Timotheus 2,7). Herr, befähige ihn/sie, Freude daran zu haben, mehr über dich und deine Welt zu lernen.

Das bete ich im Namen von Jesus.

Kraft aus Gottes Wort

Alle deine Bewohner werden Schüler des Herrn sein und in großer Zufriedenheit leben.

Jesaja 54,13

Wer weise ist, höre auf diese Sprüche und gewinne noch an Weisheit hinzu; wer klug ist, suche sich weisen Rat.

Sprüche 1,5

Mein Volk stirbt aus Mangel an Erkenntnis.
Ihr Priester weigert euch mich zu kennen, deshalb will ich euch auch nicht mehr kennen. Weil ihr das Gesetz eures Gottes vergessen habt, will ich auch eure Kinder vergessen.
Ihr dürft nicht mehr meine Diener sein!

Hosea 4,6

Richte dich nach meinen Weisungen und vergiss sie nicht.
Achte sie, denn sie bewahren dein Leben.

Sprüche 4,13

Mein Sohn, achte auf meine Worte und behalte meine Gebote im Gedächtnis. Höre auf die Weisheit und versuche, sie mit dem Herzen zu verstehen. Bitte um Verstand und Einsicht, und suche sie, wie du nach Silber suchen oder nach verborgenen Schätzen forschen würdest. Dann wirst du verstehen, was es heißt, den Herrn zu achten, und wirst die Erkenntnis Gottes gewinnen.

Sprüche 2,1-5

KAPITEL 15

Gaben und Talente entdecken

Von der Geburt meiner Kinder an betete ich dafür, dass Gott uns die Gaben, Talente und Fähigkeiten zeigt, die er in sie hineingelegt hat. Ich bat ihn auch, uns zu zeigen, wie wir sie zu seiner Ehre am besten fördern und entwickeln können. Schon in sehr jungem Alter legten unsere beiden Kinder musikalisches Talent an den Tag, also fragte ich Gott, was ich in dieser Richtung tun sollte, und wartete auf seine Antwort.

Als Christopher vier Jahre alt war, hatten wir den Eindruck, er sollte Klavierunterricht bekommen. Er zeigte bemerkenswertes Talent, doch nach einigen Jahren hatte er keine Lust mehr zu üben. Gott machte mir allerdings deutlich, dass ich keine gute Verwalterin der Gaben wäre, die er meinem Sohn geschenkt hatte, wenn ich ihn jetzt aufgeben lassen würde. Also überlegte ich mir einen angemessenen Anreiz für meinen Sechsjährigen: Ich würde ihm jedes Mal, wenn er Klavier übte, fünfundzwanzig Cent bezahlen. Dieser Plan muss wohl vom Heiligen Geist inspiriert gewesen sein, denn Christopher beschwerte sich nie wieder übers Üben, bis er zwölf Jahre alt war. Dann fühlte ich mich frei, ihn die Klavierstunden aufgeben zu lassen und ihm den Schlagzeugunterricht zu erlauben, den er wollte. Ich musste ihn übrigens nie extra auffordern, Schlagzeug zu üben – ganz im Gegenteil!

Bei seinen Auftritten spielt Christopher heute Keyboard, Schlagzeug, Bass und Gitarre, doch seine Songs und Arrangements komponiert er alle auf dem Klavier. Seine Musiklehrer sagten, dass er so gut war, weil er durch seine Klavierkenntnisse ein gutes musikalisches Grundverständnis besaß. Das bestätigte mir nur, was Gott mir vor all den vielen Jahren gezeigt hatte.

Weil der Feind die Gaben unserer Kinder zu *seiner* Ehre gebrauchen oder zumindest verhindern will, dass sie für Gottes Zwecke eingesetzt werden, müssen wir für sie beten. Das Gebet für die Entwicklung der Gaben und Talente unserer Kinder ist ein andauernder Prozess.

Im Leben meiner beiden Kinder gab es eine Phase im Alter zwischen zwölf und vierzehn, in der sie sich von säkularer Musik und dem inakzeptablen Erscheinungsbild und Verhalten gewisser beliebter Künstler angezogen fühlten. Mein Mann und ich wussten, dass unser Gegner der Feind war und nicht unsere Kinder, doch wir wussten auch, dass wir mit ihnen über die Sache reden und Regeln aufstellen mussten, welche Musik sie sich anhören durften und was nicht akzeptabel war. Damit meinen wir nicht, dass unsere Kinder nie etwas mit säkularer Musik zu tun haben dürfen. Doch alles, was sie tun, soll Gottes Ehre dienen (siehe 1. Korinther 10,31), denn dazu hat Gott sie berufen.

Wir beteten dafür, dass unsere Kinder sich nicht von der Welt verführen lassen, sondern sich auf das konzentrieren, wozu Gott sie berufen hat. Wir beteten dafür, dass Gott ihnen die Türen *öffnet*, durch die sie hindurchgehen sollten, und alle Türen *schließt*, von denen sie fernbleiben sollten. Dieses Gebet hat Gott oft erhört. Zum Beispiel wurde Christopher mehrmals angefragt, in verschiedenen Bands mitzuspielen und mit ihnen auf Tournee zu gehen. In keinem Fall hatten wir den Eindruck, dass es die richtige Situation oder der richtige Zeitpunkt für ihn war.

Als er achtzehn war, bekam er die Chance, für ein Lobpreis-Album einer bekannten christlichen Plattenfirma zu schreiben, zu arrangieren und sowohl Keyboard als auch Bass und Schlagzeug zu spielen. Wir wussten, dass diese Chance von Gott kam und eine Antwort auf unsere Gebete war, er möge die Gaben unseres Sohnes zu seiner Ehre einsetzen.

Mein Mann und ich wissen sehr gut, wie die Musikbranche aussieht und welche Versuchungen eine Tournee mit sich bringt, sogar für christliche Künstler. Darum beten wir immer noch dafür, dass Christopher weiterhin treu seine Talente und sein Leben zu Gottes Ehre einsetzt, auch wenn er schon erwachsen ist.

Welche Gaben und Talente hat Gott in unsere Kinder hineingelegt? Jedes Kind ist begabt und talentiert, ob wir es sehen können oder nicht. Die Bibel sagt: „Jeder hat seine eigene Gnadengabe von Gott, der eine so, der andere so" (1. Korinther 7,7, ELB). Manchmal müssen diese Gaben eben erst im Gebet entdeckt werden.

Wenn Gott uns zeigt, wo die Potenziale unseres Kindes liegen, sollten wir es mit Liebe und Gebet in diese Richtung führen. Die Bibel sagt: „Kennst du wirklich fähige Arbeiter? Sicherlich dienen sie eher Königen als geringen Menschen" (Sprüche 22,29). Beten wir dafür, dass sich bei unseren Kindern die Gaben und Talente, die Gott in sie hineingelegt hat, so gut wie nur irgend möglich entwickeln. Vermitteln wir ihnen aber auch, dass sie eine einzigartige Aufgabe und Bedeutung in dieser Welt haben.

Jedes Kind hat besondere Gaben und Talente. Wir müssen darum beten, dass wir sie erkennen und fördern können, damit sie zu Gottes Ehre eingesetzt werden.

Gebet

Herr, ich danke dir für die Gaben und Talente, die du in *(Name des Kindes)* hineingelegt hast. Bitte bilde sie bei ihr/ihm aus und setze sie zu deiner Ehre ein. Mach sie sichtbar für mich und sie/ihn, und zeig mir bitte ganz konkret, ob ich für eine besondere Förderung, Ausbildung, Lernerfahrung oder bestimmte Möglichkeiten sorgen soll. Schenk, dass ihre/seine Gaben und Talente sich auf deine Art und Weise und zu deiner Zeit entwickeln.

Dein Wort sagt: „Da wir aber verschiedene Gnadengaben haben nach der uns gegebenen Gnade, so lasst sie uns gebrauchen" (Römer 12,6, ELB). Bitte hilf *(Name des Kindes)*, die Talente und Fähigkeiten zu entdecken, die du ihr/ihm gegeben hast, und lass sie/ihn sich nicht durch Minderwertigkeitsgefühle, Angst oder Unsicherheit davon abhalten, sie nach deinem Willen zu gebrauchen. Lass sie/ihn deine Berufung für ihr/sein Leben erkennen, damit sie/er nicht ihr/sein Leben damit zubringt, danach zu suchen oder sie sogar ganz verfehlt. Bitte verhindere, dass ihr/sein Talent vergeudet, durch Mittelmäßigkeit verwässert oder dazu eingesetzt wird, etwas oder jemand anderem als allein dir, Herr, Ehre zu machen.

Bitte zeig ihr/ihm, was sie/er mit ihrem/seinem Leben anfangen soll, und hilf ihr/ihm, es so gut wie nur irgend möglich zu machen. Segne das Werk ihrer/seiner Hände, und lass sie/ihn ein gutes Auskommen mit der Arbeit verdienen, die sie/er gern und gut macht. Bitte lass das, was sie/er tut, auf Wohlwollen bei anderen Menschen stoßen, gut aufgenommen und respektiert werden. Doch vor allem bitte ich dich, dass die Gaben und Talente, die du in sie/ihn hineingelegt hast, sich am schönsten zu deiner Ehre entfalten.

Das bete ich im Namen von Jesus.

Kraft aus Gottes Wort

Die Gaben, die Gott gibt, und die Berufung, die er ausspricht, bereut er nicht und sie gelten für immer.

Römer 11,29

Doch hat jeder von uns seinen Anteil an der Gnade geschenkt bekommen, so wie Christus sie uns geschenkt hat.

Epheser 4,7

Gott hat jedem von euch Gaben geschenkt, mit denen ihr einander dienen sollt. Setzt sie gut ein, damit sichtbar wird, wie vielfältig Gottes Gnade ist.

1. Petrus 4,10

Alles, was gut und vollkommen ist, wird uns von oben geschenkt, von Gott, der alle Lichter des Himmels erschuf. Anders als sie ändert er sich nicht, noch wechselt er zwischen Licht und Finsternis.

Jakobus 1,17

Ich kann gar nicht aufhören, Gott für die Gnade zu danken, die euch durch Jesus Christus gegeben ist. Durch ihn seid ihr in allem reich beschenkt – in aller Lehre und in aller Erkenntnis. Die Botschaft von Christus ist zur Kraft in eurem Leben geworden, sodass ihr mit allen geistlichen Gaben gesegnet seid, während ihr sehnsüchtig auf die Rückkehr von Jesus Christus, unserem Herrn, wartet.

1. Korinther 1,4-7

KAPITEL 16

Gutes reden

Eines Nachmittags nach der Schule hörte ich, wie mein Sohn einige Schimpfwörter sagte. „So etwas sagt man nicht", wies ich ihn zurecht. „Warum benutzt du solche Wörter, obwohl du weißt, dass du das nicht sollst?"

„Die Kinder in der Schule reden so", erklärte er.

„Andere Leute machen es, also darfst du es auch?", fragte ich. Dann ließ ich im nächsten Satz einen Schwall an Schimpfwörtern los, die ich oft verwendet hatte, bevor ich Jesus kennenlernte und er mich durch seinen Geist veränderte.

Mit einem entsetzten Blick rief Christopher aus: „Mama, warum redest du so?"

„Andere Leute reden so", erwiderte ich. „Wie fühlst du dich dabei, wenn ich so rede?"

„Scheußlich!"

„Weißt du, ich kann jederzeit so reden, wenn ich will. Aber ich entscheide mich bewusst, es *nicht* zu tun. Wenn ich solche Wörter sage, fühlst du dich schlecht, weil es deiner Seele wehtut. Wenn *du* so redest, tut es *meiner* Seele weh. Stell dir mal vor, wie es dann für Gott ist. Du kannst selbst entscheiden, ob du mit dem, was du sagst, Gott traurig machen oder ihn ehren willst. Er liebt dich so oder so, und ich auch. Aber die eine Art zu reden wird dir Gutes bringen, und die andere wird dir schaden."

Ich hörte von Christopher keine Schimpfwörter mehr, bis er in die Pubertät kam. Dann führten wir das ganze Gespräch noch einmal. Ich bete bis heute, dass er es nie vergisst.

Meine Lehrmethode mag schockierend wirken – ich war ja selbst schockiert, und ich bat Gott um Vergebung, weil ich mich allein durch das Aussprechen dieser Schimpfwörter schmutzig fühlte. Doch diese Worte kamen nicht aus meinem Herzen. Ich hatte sie nur gesagt, um zu zeigen, wie zerstörerisch sie sind. Ich kann diese Methode nicht weiterempfehlen, aber vielleicht zeigt sie Ihnen beispielhaft, was unsere Worte bewirken können.

Durch das, was wir reden, schaffen wir uns unsere eigene Welt. Worte haben Macht, und wir können durch sie Situationen positiv oder negativ beeinflussen. Die Bibel sagt uns, dass wir uns durch unser Reden in Schwierigkeiten bringen oder davon fernhalten können. Es kann uns sogar das Leben retten: „Wer seine Zunge im Zaum hält, wird lange leben; wer aber unbedacht redet, der rennt in sein eigenes Verderben" (Sprüche 13,3). Wir müssen Gott bitten, unsere Zunge im Zaum zu halten, aber auch den Mund unseres Kindes zu schützen.

Worte, die Gott keine Ehre machen oder nicht von ihm kommen, zum Beispiel Äußerungen wie „Ich bin zu nichts nütze", „Ich wäre lieber tot", „Das Leben ist schrecklich", „Die Menschen sind grässlich" oder „Ich werde nie etwas Besonderes sein", zeugen nicht von einem Herzen, das vom Heiligen Geist erfüllt ist. Sie spiegeln vielmehr den Einfluss der Finsternis wider. Dieser wird sich aber im Leben unserer Kinder entfalten, wenn wir ihnen nicht helfen, auf ihre Worte zu achten.

In der Bibel heißt es, wenn wir einmal vor Gott stehen, müssen wir für jedes achtlos gesprochene Wort Rechenschaft ablegen. Wir zahlen aber auch schon hier auf der Erde einen Preis dafür. Dieser Preis ist viel zu hoch für etwas, das wir mit einer Willensentscheidung kontrollieren können. Wir können Liebe, Freude und Frieden in unsere Welt hineinsprechen – oder Zwietracht, Hass, Betrug und viele andere böse Dinge. Die Entscheidung liegt bei uns.

Wir wollen, dass unsere Kinder reden, was Leben bringt. Das heißt nicht, dass sie nicht auch negative Gefühle ehrlich äußern sollen – allerdings mit dem Ziel, sie selbst zu verstehen, sie vor Gott zu bekennen und sie ihm unterzuordnen, damit Heilung geschehen kann und zerstörerische Ausbrüche verhindert werden.

Wenn die Worte unserer Kinder ein schlechtes Licht auf sie, auf andere, auf ihre Situation oder ihr Umfeld werfen, müssen wir sie ermutigen, in Gottes Wort etwas zu finden, das man stattdessen besser sagen könnte. Das beste Mittel zum besseren Reden ist ein besseres Herz, denn „immer bestimmt ja euer Herz, was ihr sagt" (Matthäus 12,34). Ein Herz, das vom Heiligen Geist, der Wahrheit von Gottes Wort und Gottes Liebe erfüllt ist, wird gute Worte hervorbringen, die sowohl dem Sprecher als auch dem Zuhörer Leben bringen. Dort sollten unsere Gebete ansetzen.

Gebet

Herr, ich bete, dass *(Name des Kindes)* sich für Worte entscheidet, die dir Ehre machen. Erfülle sein/ihr Herz mit deinem Geist und deiner Wahrheit, sodass das, was aus seinem/ihrem Mund kommt, Worte des Lebens und nicht des Todes sind. Bitte wache über seinen/ihren Mund, sodass jede Versuchung, lästerlich, negativ, grausam, verletzend, gefühllos, lieblos oder unbarmherzig zu reden, bei ihm/ihr ein unbehagliches Gefühl hervorruft. Bitte lass ihm/ihr obszöne Worte oder Flüche so fremd sein, dass sie, wenn sie ihm/ihr doch über die Lippen kommen, wie Steine in seinem/ihrem Mund sind und er/sie sich davon abgestoßen fühlt. Hilf ihm/ihr, sich selbst zu hören, damit er/sie nicht leichtsinnig oder gedankenlos redet.

Bitte bewahre ihn/sie davor, dass seine/ihre Worte ihm zur Falle werden. Du hast versprochen: „Wer seinen Mund und seine Zunge im Zaum hält, gerät nicht in Schwierigkeiten" (Sprüche 21,23). Hilf ihm/ihr, seine/ihre Zunge im Zaum zu halten und sich von Unrecht fernzuhalten. Dein Wort sagt: „Wer gern redet, muss die Folgen tragen, denn die Zunge kann töten oder Leben spenden" (Sprüche 18,21). Hilf ihm/ihr, mit seinen/ihren Worten Leben zu spenden statt zu töten. Lass ihn/sie schnell zum Hören und langsam zum Reden sein, damit seine/ihre Worte immer von Gnade durchzogen sind. Befähige ihn/sie zu wissen, wie, was und wann er/sie mit jedem Menschen und in jeder Situation reden soll. Befähige ihn/sie auch, immer Worte der Hoffnung, Gesundheit, Ermutigung und des Lebens zu reden, und hilf ihm/ihr, sich bewusst dafür zu entscheiden, nicht mit seinen/ihren Worten zu sündigen.

Das bete ich im Namen von Jesus.

Kraft aus Gottes Wort

Herr, lass dir die Worte meines Mundes und die Gedanken meines Herzens gefallen! Herr, mein Fels und mein Erlöser.

Psalm 19,15

Ein guter Mensch spricht gute Worte
aus einem guten Herzen, und ein böser Mensch
spricht böse Worte aus einem bösen Herzen.

Matthäus 12,35

Ich sage euch: Am Tag des Gerichts müsst ihr euch
für jedes böse Wort, das ihr sagt, verantworten.
Was ihr heute sagt, entscheidet über euer Schicksal;
entweder werdet ihr gerettet oder gerichtet.

Matthäus 12,36-37

Freundliche Worte sind wie Honig –
süß für die Seele und gesund für den Körper.

Sprüche 16,24

Wer unüberlegt redet, der verletzt andere,
die Worte der Weisen aber sind wie Balsam.

Sprüche 12,18

KAPITEL 17

Heiligkeit und Unschuld

Kinder, die gelernt haben, in Unschuld und Heiligkeit zu leben, haben auffallend strahlende Gesichter und eine unwiderstehliche Anziehungskraft. Die Bibel sagt: „Schon ein Kind erkennt man an seinen Taten, daran, ob sein Verhalten ehrlich und richtig ist“ (Sprüche 20,11). Wir möchten, dass unsere Kinder für ihr Gutsein bekannt sind. Das „passiert“ nicht einfach; es muss ihnen anerzogen werden. Und obwohl wir unseren Kindern viel über ein Leben nach Gottes Willen beibringen können und ihnen so gut wie möglich Vorbild sein sollen, ist der eigentliche Lehrer der Heilige Geist. Heiligkeit beginnt mit der Liebe zu Gott. „Halte dich selbst frei von Schuld“ (1.Timotheus 5,22), trägt uns die Bibel auf. Das ist für jeden Menschen eine schwere Aufgabe, aber besonders für ein Kind. Es ist nur durch die völlige Unterordnung unter Gott und sein Gesetz und die befähigende Kraft des Heiligen Geistes möglich.

In seinem Abschlussjahr musste mein Sohn in einer neuen Schule in einem anderen Bundesstaat und in einer anderen Kultur anfangen – eine schwere Aufgabe für einen jungen Menschen, ganz gleich, wie bodenständig oder gottesfürchtig er ist. Er besuchte eine kleine christliche Privatschule, und so kannte er nach einer Woche schon alle Jungen aus der Abschlussklasse. Einer der jungen Männer fiel allerdings besonders auf. Sein

Name war Sandy, ein guter Sportler und Schüler, der eine Urkunde nach der anderen für seine ausgezeichneten Leistungen bekommen hatte. Doch Sandy tat sich noch in anderer Hinsicht, in einem viel wichtigeren Punkt, hervor: Seine Worte und sein Handeln spiegelten seinen tiefen Respekt vor Gott und seinen Geboten wider.

Eines Tages, als die Jungen beim Mittagessen zusammensaßen, erzählte einer von ihnen einen etwas anrüchigen Witz und alle lachten. Alle – außer Sandy. Mein Sohn gestand, dass auch er gelacht hatte. „Ich bin der Neue, und ich wollte nicht, dass alle denken, ich komme von einem anderen Planeten", erklärte er kleinlaut, als er uns später davon erzählte.

Christopher erkannte bald, dass Sandy nie über schmutzige Witze lachte. Er rauchte und trank auch nicht, und er benutzte keine Schimpfwörter. Erstaunlicherweise wurde er trotzdem von allen gemocht und respektiert.

Eines Tages, kurz nach einer Elternversammlung in der Schule, kam ich nach Hause und erzählte Christopher von einer sehr netten Frau, die ich dort kennengelernt hatte. „Sie fällt einfach auf", sagte ich. „Sie ist warmherzig und liebevoll; man merkt, dass sie Gott liebt, und sie hat einen herrlichen Sinn für Humor. Sie hat mir so sehr das Gefühl vermittelt, willkommen zu sein, als ob ich sie schon eine Ewigkeit kenne." Ich beschrieb sie weiter und erwähnte dabei ihren Namen.

„Das ist Sandys Mutter", sagte Christopher.

„Natürlich", erwiderte ich. „Ich hätte wissen müssen, dass Sandy starke, außergewöhnliche, gläubige und betende Eltern hat. Kein Kind entwickelt sich rein zufällig so wie er."

Christophers ganzes Abschlussjahr über beobachteten wir Sandys Familie und sahen, wie außergewöhnlich sie alle waren. Wir bemerkten auch, dass andere Menschen von ihrem Gutsein nicht abgestoßen waren. Warum? Weil ihr Leben kein gesetzlicher Versuch war, perfekt zu sein oder andere zu beeindrucken, sondern aus einem Herzen kam, in dem eine tiefe Ehrfurcht vor Gott wohnte und der Wunsch, nach seinem Willen zu leben – in Heiligkeit und Unschuld.

Heute haben wir keinen Kontakt mehr zu Sandy und seiner Familie, weil ihr und unser Leben sich in unterschiedliche Richtungen entwickelt hat. Doch wir werden sie nie vergessen. Sie haben uns auf ein höheres Ziel hingewiesen, auf das wir hinarbeiten wollten, und uns erkennen lassen, wie anziehend Heiligkeit ist. Bemerkenswert.

Beten wir dafür, dass unsere Kinder sich von Heiligkeit und Unschuld wie von einem Magneten angezogen fühlen, damit sie es sofort merken, wenn etwas Unheiliges oder Unreines sie verführen will, und sich so unbehaglich dabei fühlen, dass sie sich ganz davon abwenden. „Gott hat uns dazu berufen, heilig zu leben, und nicht, ein unreines Leben zu führen" (1. Thessalonicher 4,7). Mit lauterem Herzen innerhalb der Grenzen zu leben, die Gott uns gesetzt hat, bedeutet, Heil für den ganzen Menschen zu finden. Um dieses Heilsein geht es bei der Heiligkeit. Kinder, die sich nach Heiligkeit sehnen und die Kraft dafür bei Gott suchen, werden ein gesegnetes, erfülltes Leben haben.

Sandy war ein lebendes Beispiel für die Bibelstelle, in der es heißt: „Niemand soll dich gering schätzen, nur weil du jung bist. Sei allen Gläubigen ein Vorbild in dem, was du lehrst, wie du lebst, in der Liebe, im Glauben und in der Reinheit" (1. Timotheus 4,12). Kinder, die in Heiligkeit und Unschuld leben, strahlen eine unglaubliche Anziehungskraft aus. Beten wir, dass unsere Kinder dazugehören.

Gebet

Herr, ich bete, dass du *(Name des Kindes)* mit einer Liebe zu dir erfüllst, die ihre/seine Liebe zu allem und jedem anderen übertrifft. Hilf ihr/ihm, deine Gebote zu respektieren, hoch zu achten und zu verstehen, dass sie zu ihrem/seinem Nutzen sind. Lass sie/ihn deutlich sehen, dass das Leben nicht funktioniert, wenn man deinen Geboten nicht gehorcht. Leg dein Wort in ihr/sein Herz, sodass sie/er sich nicht von der Sünde angezogen fühlt. Bitte hilf ihr/ihm, sich vom Bösen, von Unreinheit, unheiligen Gedanken, Worten und Taten fernzuhalten, und gib, dass sie/er sich von allem angezogen fühlt, was rein und heilig ist. Bitte hilf, dass sie/er Jesus immer ähnlicher wird, und hilf ihr/ihm, dich immer wieder um die Kraft deines Heiligen Geistes zu bitten, um das Richtige tun zu können.

Herr, du hast gesagt: „Gott segnet die, die ein reines Herz haben, denn sie werden Gott sehen" (Matthäus 5,8). Lass den Wunsch nach Heiligkeit, der aus solch einem reinen Herzen kommt, sich in allem widerspiegeln, was sie/er tut. Lass es sich auch in ihrem/seinem Erscheinungsbild zeigen. Ich bete, dass ihre/seine Kleidung und die Art und Weise, wie sie/er seinen Körper schmückt, Ehrfurcht vor dir widerspiegelt sowie den Wunsch, dir Ehre zu machen, Herr.

Hilf ihr/ihm umzukehren, wo sie/er sich nicht mehr auf dem Weg der Heiligkeit befindet, und wirke mit deiner reinigenden Kraft in ihrem/seinem Herzen und Leben. Gib ihr/ihm die Einsicht, dass ein Leben in Unschuld Heil und Segen bringt und dass die größte Belohnung dafür ist, dir näher zu sein.

Das bete ich im Namen von Jesus.

Kraft aus Gottes Wort

Wer darf den Berg des Herrn besteigen und wer an seinem heiligen Ort stehen? Nur die Menschen, deren Hände und Herzen rein sind, die keine Götzen anbeten und keinen falschen Eid schwören. Sie empfangen den Segen des Herrn und Gerechtigkeit von Gott, ihrem Retter.

Psalm 24,3-5

In einem wohlhabenden Haus gibt es Gefäße aus Gold und Silber und andere aus Holz und Ton.
Die teuren Gefäße werden für besondere Anlässe benutzt, die preiswerten dagegen für das tägliche Leben.
Wer sich von solchen Menschen fernhält,
wird wie eins der teuren Gefäße sein: rein, nützlich für den Hausherrn, geeignet für alles, was gut ist.

2. Timotheus 2,20-21

Er schneidet jede Rebe ab, die keine Frucht bringt,
und beschneidet auch die Reben, die bereits Früchte tragen,
damit sie noch mehr Frucht bringen.

Johannes 15,2

Durch die Wüste führt dann eine Straße, die die heilige Straße genannt werden wird. Kein unreiner Mensch wird darauf wandern, denn sie ist nur für sein Volk bestimmt.
Wer auch immer auf diesem Weg geht, wird sich nicht verirren. Selbst der Einfältige wird darauf nicht fehlgehen. Nur die Erlösten werden darauf gehen.

Diejenigen, die vom Herrn erlöst wurden,
werden zurückkehren und jubelnd nach Jerusalem kommen.
Ihr Gesicht spiegelt unendliche Freude wider.
Freude und Glück werden bei ihnen einkehren,
Kummer und Seufzen aber werden vor ihnen fliehen.
Jesaja 35,8-10

Es gibt Menschen, die (...) fühlen sich rein,
sind aber schmutzig und ungewaschen.
Sprüche 30,11-12

KAPITEL 18

Was ist im Zimmer unserer Kinder?

Als mein Sohn ungefähr elf Jahre alt war, bekam er plötzlich ohne ersichtlichen Grund Albträume. Er hatte nichts Beängstigendes in einem Film oder im Fernsehen gesehen und wir hatten keinen Grund zu der Annahme, dass ihm etwas Ungewöhnliches zugestoßen war. Wir beteten mehrmals mit ihm, doch Nacht für Nacht kamen die schlechten Träume wieder.

Eines Morgens, als ich allein war, betete ich dafür und bat Gott, mir zu zeigen, was die Albträume hervorrief. Plötzlich hatte ich den Eindruck, ich sollte in das Zimmer meines Sohnes gehen.

„Herr, wenn es etwas in Christophers Zimmer gibt, das nicht hier sein sollte, dann zeig es mir bitte", betete ich. Sofort hatte ich das Gefühl, ich sollte zu seinem Computer gehen und mir seine Spiele anschauen. Das Erste, das ich zur Hand nahm, war eins, das er sich von einem Freund aus der Gemeinde ausgeliehen hatte. Die Hülle sah von außen völlig harmlos aus; es war nur ein Action- und Abenteuerspiel für Jungen. Ich öffnete die Hülle und zog die kleine Spielanleitung heraus. Auf den ersten Seiten fand sich nichts Ungewöhnliches, doch weiter hinten entdeckte ich die schlimmsten satanischen Dinge. Ich war schockiert, doch ich sagte: „Danke, Jesus", und entfernte das Spiel aus seinem Zimmer.

Wenn das Spiel meinem Sohn gehört hätte, hätte ich es sofort vernichtet. Doch da es jemand anderem gehörte, rief ich die Eltern des Jungen an und erzählte ihnen, was ich gefunden hatte. Sie waren so überrascht und nichtsahnend, wie wir es gewesen waren. Als Christopher von der Schule heimkam, zeigte ich ihm, was ich entdeckt hatte. Er sagte, er sei in dem Spiel noch nicht so weit gekommen, er hatte keine Ahnung, was darin vorkam. Er zögerte keine Sekunde, es zurückzugeben.

Als mein Mann nach Hause kam, salbten wir das Zimmer unseres Sohnes mit Öl und beteten gründlich darüber. Obwohl in der Bibel meistens die Rede von Personen ist, die gesalbt werden, gibt es auch Beispiele, dass Gebäude oder Räume gesalbt wurden, um sie zu heiligen: „Nimm dann das Salböl und salbe damit das Zelt Gottes und alles, was zu ihm gehört. Weihe dadurch das Zelt Gottes mit allen seinen Geräten, damit es heilig wird" (2.Mose 40,9). Weil wir das Joch des Feindes zerbrechen und das Zimmer unseres Sohnes von allem Unheiligen reinigen wollten, salbten wir den Türpfosten und beteten über seinem Zimmer. Wir baten den Heiligen Geist, dort zu wohnen und alles zu verdrängen, was nicht von Gott kam. Dass wir das Richtige getan hatten, bewies sich uns dadurch, dass Christophers Albträume sofort aufhörten – ebenso plötzlich, wie sie begonnen hatten.

Jeder sollte von Zeit zu Zeit einmal einen „geistlichen Hausputz" machen, besonders in den Räumen, in denen die Kinder schlafen und spielen. Die Bibel sagt, wenn wir Dinge in unsere Häuser bringen, die Gott verabscheut, bringen wir damit etwas Zerstörerisches in unser Heim. Prinzipiell ist ein regelmäßiger „heiliger Hausputz" gut, aber er ist auf jeden Fall angesagt, wenn etwas an unserem Kind uns Sorgen macht. Wenn es ängstlich, rebellisch, aggressiv, depressiv, distanziert, eigenartig oder undiszipliniert wird oder schlechte Träume oder Albträume bekommt, kann es manchmal rasche Abhilfe schaffen, über dem Zimmer des Kindes zu beten. Es ist mitunter auch hilfreich, christliche Lieder in dem betreffenden Zimmer zu singen, und ich habe bei meinen Kindern danach oft eine Veränderung ihrer inneren Haltung feststellen können.

Eltern aus meinem Bekanntenkreis hatten bei ihrem Sechzehnjährigen Probleme mit Alkohol, Drogen, Auflehnung und okkulten Verstrickungen. Sie begannen, in seinem Zimmer Aufnahmen von Lobpreisliedern und Bibeltexten abzuspielen, wenn er in der Schule war, und sie beteten jeden Tag. Am Ende wurde seine Aufsässigkeit gebrochen, und er wurde zu einem friedlichen und gottesfürchtigen Menschen.

Wenn wir im Zimmer unserer Kinder beten, sollten wir alles entfernen, das Gott keine Ehre macht: Poster, Bücher, Zeitschriften, Bilder, Fotos, Spiele oder Kleidungsstücke, auf denen Drogen- oder Alkoholkonsum, ein gottloser Lebensstil oder Gotteslästerungen dargestellt sind. Natürlich sollte dem Kind liebevoll erklärt werden, was Gottes Wort dazu sagt, und wenn möglich, sollte das Kind ermutigt werden, die fraglichen Gegenstände selbst zu entfernen. Wir sollten ihm erklären, dass es um seiner selbst willen – um Frieden in der Seele zu haben und von Gott gesegnet werden zu können – alles aus seinem Zimmer beseitigen sollte, das nicht von Gott kommt. Dann sollten wir über dem Raum beten. Das hat oft erstaunliche Veränderungen zur Folge.

Es geht dabei nicht um ein abergläubisches Ritual. Es geht darum, unser eigenes Heim, unsere Kinder und alle Aspekte ihres Lebens unter Gottes Herrschaft zu stellen. Es geht darum, aufzustehen und zu verkünden: „Ich und meine Familie werden (...) dem Herrn dienen“ (Josua 24,15). Es geht darum zu sagen: „Mein Haus ist zu Gottes Ehre geheiligt und ausgesondert."

Den „geistlichen Hausputz", besonders im Zimmer unserer Kinder, sollten wir vornehmen, *bevor* es nötig ist.

Gebet

Herr, ich bitte deinen Heiligen Geist, in diesem Zimmer zu wohnen, das *(Name des Kindes)* gehört. Du bist der Herr über Himmel und Erde, und ich verkünde, dass du auch der Herr über dieses Zimmer bist. Durchflute es mit deinem Licht und Leben. Verdränge alle Finsternis, die sich hier breitmachen will, und lass Angst, Depressivität, Aggressivität, Zweifel, Unruhe, Auflehnung oder Hass *(oder was im Verhalten des Kindes besonders auffällig ist)* keinen Raum hier finden. Ich bitte dich, dass nichts in dieses Zimmer kommt, was du nicht gutheißt, Herr. Wenn hier etwas ist, das nicht hier sein sollte, dann zeig es mir bitte, damit ich es entfernen kann.

Bitte leg deinen vollkommenen Schutz über diesen Raum, damit das Böse auf keinem Weg hier eindringen kann. Erfülle diesen Raum mit deiner Liebe, deinem Frieden und deiner Freude. Ich bete, dass mein Kind so wie David sagen kann: „In meinem Haus will ich ein tadelloses Leben führen. Böses und Gemeines will ich nicht einmal ansehen" (Psalm 101,2-3). Im Namen von Jesus bete ich, dass du, Herr, dieses Zimmer zu einem heiligen Ort machst, der zu deiner Ehre geheiligt ist.

Amen.

Kraft aus Gottes Wort

Nehmt auf keinen Fall einen dieser Gegenstände, die er verabscheut, in eure Häuser, damit ihr nicht wie sie vernichtet werdet.

5. Mose 7,26

Wascht euch, reinigt euch!
Schafft mir eure bösen Taten aus den Augen.
Hört auf, Schlechtes zu tun.

Jesaja 1,16

Weil wir diese Zusagen haben, liebe Freunde, wollen wir uns von allem reinigen, was unserem Körper oder unserem Geist schaden könnte. Denn wir fürchten Gott; deshalb streben wir nach einem geheiligten Leben.

2. Korinther 7,1

Gott, sei mir gnädig um deiner Gnade willen und vergib mir meine Sünden nach deiner großen Barmherzigkeit. Wasche mich rein von meiner Schuld und reinige mich von meiner Sünde.

Psalm 51,3-4

Der Fluch des Herrn liegt auf dem Haus des Gottlosen, aber die Wohnung der gerechten Menschen segnet er.

Sprüche 3,33

KAPITEL 19

Frei von Angst leben

Angst war für mich als Kind ein Lebensstil, weil ich bei einer schwer psychisch kranken Mutter lebte. Ihr bizarres, unberechenbares und gewalttätiges Verhalten versetzte mich ständig in Angst und Schrecken. Als ich als Erwachsene Jesus kennenlernte, lernte ich auch, den wahren Ursprung von Angst zu erkennen und dagegen anzukämpfen. Die gleiche Taktik habe ich auch für meine Kinder angewendet.

In Los Angeles erlebten wir Erdbeben, Brände, Überflutungen, Unruhen und Kriminalität. Unser Leben wäre von Angst beherrscht gewesen, wenn wir es zugelassen hätten. Tatsächlich beteten wir so oft gegen die Angst an und um Schutz, dass diese Bitte irgendwann in jedem Gebet vorkam. Wenn ich sah, dass die Angst nach einem meiner Kinder griff, beteten wir, lasen die Bibel, sangen christliche Lieder und ließen christliche Musik laufen. Seit wir aus dieser Gegend weggezogen sind, leiden wir nicht mehr täglich unter dieser Art von Angst, doch wir werden nie vergessen, was wir über Gottes vollkommene Liebe gelernt haben, die alle Angst vertreibt.

Die Angst kann uns immer dann packen, wenn wir nicht glauben, dass Gott uns und alles, was uns wichtig ist, beschützen kann. Kinder sind besonders leicht zu verängstigen, weil sie nicht immer unterscheiden können, was real ist und was nicht.

Unser Trost, unsere Beruhigung und Liebe können ihnen *helfen*, doch beten, sich vertrauensvoll auf Gottes Wort stellen und Gott für seine Liebe und Macht loben kann sie *befreien*.

Als Jesus mit seinen Jüngern auf dem See war und ein Sturm aufzog, erwiderte er auf ihre ängstlichen Äußerungen: „Warum habt ihr Angst? Ist euer Glaube denn so klein?" (Matthäus 8,26). Er wünscht sich von uns – so wie von ihnen – zu glauben, dass unser Boot nicht sinken wird, wenn er mit uns darin sitzt.

Allerdings gibt es Zeiten, in denen Angst mehr als ein vorübergehendes Gefühl ist. Sie kann das Herz eines Kindes so stark und jenseits aller Vernunft packen, dass keine Handlungen oder Worte sie beseitigen können. Wenn das geschieht, wird das Kind von Angst beherrscht, und die Bibel sagt uns ganz deutlich, dass Angst nicht von Gott kommt, sondern vom Feind unserer Seele.

Eltern haben durch Jesus Christus die Möglichkeit und Vollmacht, für ihre Kinder gegen diese Angst anzugehen. Die Angst soll keine Macht über unsere Kinder haben; wir haben Vollmacht über die Angst. Jesus gab uns Vollmacht über den Feind (Lukas 10,19). Lassen wir uns nichts Gegenteiliges einreden. Wenn die Angst auch weiter besteht, nachdem wir gebetet haben, können wir andere Christen bitten, mit uns dafür zu beten: Wo zwei oder drei im Namen von Jesus Christus zusammenkommen, ist er mitten unter ihnen (siehe Matthäus 18,20). Angst und die Gegenwart Gottes können nicht den gleichen Raum einnehmen.

Weil wir Jesus haben, müssen wir und unsere Kinder Angst nicht als etwas hinnehmen, das unser Leben bestimmt.

Gebet

Herr, dein Wort sagt: „Ich betete zum Herrn, und er antwortete mir und befreite mich von allen meinen Ängsten" (Psalm 34,5). Ich komme heute zu dir im Vertrauen darauf, dass du mich hörst, und bitte dich, *(Name des Kindes)* von jeder Angst zu befreien, die sie/ihn überwältigen will. Du sagst, du hast „uns nicht einen Geist der Furcht gegeben, sondern einen Geist der Kraft, der Liebe und der Besonnenheit" (2.Timotheus 1,7). Durchflute sie/ihn mit deiner Liebe und vertreibe alle Ängste und Zweifel. Gib ihr/ihm das Gefühl deiner liebevollen Gegenwart, die jede Angst überwiegt, die sie/ihn überwältigen will. Hilf ihr/ihm, sich so auf deine Macht zu verlassen, dass in ihr/ihm starkes Vertrauen zu dir und Glauben an dich wächst. Gib ihr/ihm einen klaren Verstand, damit sie/er die Lügen des Teufels erkennen und sehen kann, dass sie nichts mit der Realität zu tun haben.

Wenn eine echte Gefahr oder gute Gründe zu Angst bestehen, gib ihr/ihm bitte Weisheit, schütze sie/ihn und zieh sie/ihn nah zu dir. Hilf ihr/ihm, ihre/seine Ängste nicht zu leugnen, sondern im Gebet zu dir zu bringen und bei dir Hilfe zu suchen. Bitte durchdringe dabei ihr/sein Leben mit deiner Liebe und vertreibe alle Angst. Lege dein Wort in ihr/sein Herz. Lass in ihr/ihm in Verstand und Seele Glauben wachsen, je mehr sie/er von deinem Wort versteht.

Danke, Herr, für dein Versprechen, uns von unserer Angst zu befreien. Ich bitte dich heute für mein Kind, dass es ohne Angst leben kann.

Das bete ich im Namen von Jesus.

Kraft aus Gottes Wort

Wie groß ist deine Güte, die du denen bereithältst,
die dich ehren, und vor den Menschen denen zeigst,
die dich um Schutz bitten.

Psalm 31,20

Fürchte dich nicht, denn ich bin bei dir.
Sieh dich nicht ängstlich nach Hilfe um, denn ich bin dein
Gott: Meine Entscheidung für dich steht fest,
ich helfe dir. Ich unterstütze dich, indem ich mit meiner
siegreichen Hand Gerechtigkeit übe.

Jesaja 41,10

Er wird dich mit seinen Flügeln bedecken, und du findest bei ihm Zuflucht. Seine Treue schützt dich wie ein großer Schild. Fürchte dich nicht vor den Angriffen in der Nacht und habe keine Angst vor den Gefahren des Tages, vor der Pest, die im Dunkeln lauert, vor der Seuche, die dich am hellen Tag trifft.

Psalm 91,4-6

Der Herr ist mein Licht und mein Heil –
vor wem sollte ich mich fürchten?
Der Herr beschützt mich vor Gefahr –
vor wem sollte ich erschrecken?

Psalm 27,1

Die Ketten des Todes umschlangen mich,
die Fluten der Zerstörung gingen über mich hinweg.
Das Totenreich öffnete sich schon vor mir,
der Tod selbst starrte mir ins Gesicht.
Doch in meiner Not betete ich zum Herrn
und schrie zu meinem Gott um Hilfe.
Da erhörte er mich in seinem Heiligtum,
mein Schreien drang durch bis an sein Ohr.

Psalm 18,5-7

Und unsere Liebe kennt keine Angst, weil die vollkommene Liebe alle Angst vertreibt. Wer noch Angst hat, rechnet mit Strafe, und das zeigt, dass seine Liebe in uns noch nicht vollkommen ist.

1. Johannes 4,17-18

KAPITEL 20

Ein gesunder Geist

Die Welt und der Teufel unternehmen jeden Versuch, den Verstand unserer Kinder zu kontrollieren. Die gute Nachricht ist, dass wir die Möglichkeit haben, uns gegen diese Versuche zu wehren. Wenn unsere Kinder noch kleiner sind, können wir darüber bestimmen, womit sie ihre Gedankenwelt füllen – was sie im Fernsehen und Kino, im Internet oder auf DVD anschauen, welche Radiosendungen und CDs sie sich anhören, welche Bücher und Zeitschriften sie lesen und welche elektronischen Geräte sie besitzen. Wir können außerdem viel dazu beitragen, dass unsere Kinder ihre Gedanken mit Musik, Worten und Bildern füllen, die Gottes Willen entsprechen. Doch vor allem haben wir das Gebet. Selbst wenn unsere Kinder schon nicht mehr unter unserem täglichen Einfluss stehen, können wir also noch dafür beten, dass sie einen gesunden, geschützten und freien Geist haben.

Wenn wir Jesus in unser Leben aufgenommen haben und mit seinem Heiligen Geist erfüllt sind, werden wir in vielerlei Hinsicht gesegnet. Eines dieser wunderbaren Geschenke ist eine Stabilität und Geistesklarheit, die wir auf keine andere Art und Weise erhalten können, denn wir erhalten den Geist von Jesus Christus. Wir können dem weltlichen Denken widerstehen und dem Geist von Jesus Christus die Kontrolle überlassen, und wir können ständig unsere innere Haltung erneuern, indem wir jeden Gedanken unter seine Herrschaft stellen.

Meine Mutter war psychisch krank. Diese Krankheit begann, als sie Anfang zwanzig war, und sie litt daran, bis sie im Alter von siebenundsechzig Jahren starb. Ich erlebte aus erster Hand, wie es ist, wenn jemand in einer Fantasiewelt lebt und keine Kontrolle über die Gedanken hat, die ihm in den Sinn kommen. Es war eine beängstigende Erfahrung. Als ich Jesus kennenlernte, betete ich oft darum, dass weder ich noch meine Kinder auch nur ansatzweise diese mentale Labilität geerbt hatten oder erbten. Immer wenn ich mir deswegen Sorgen machte, sagte ich: „Denn Gott hat uns nicht einen Geist der Furcht gegeben, sondern einen Geist der Kraft, der Liebe und der Besonnenheit" (2.Timotheus 1,7).

„Gott hat mir, meinem Sohn und meiner Tochter einen gesunden Verstand gegeben", sagte ich oft. „Etwas anderes werde ich nicht akzeptieren."

Psychische Krankheiten müssen nicht von einer Generation zur anderen weitergegeben werden, und psychische Labilität muss nicht unbedingt das Schicksal unserer Kinder sein. Ebenso ist es mit verwirrtem oder unbeständigem Denken.

Für einen gesunden Geist spielt es eine große Rolle, womit wir ihn füllen. Wenn wir ihn mit Weltlichem füllen, stiftet das oft Verwirrung. Wenn wir ihn mit dem füllen, was Gott entspricht – besonders mit Gottes Wort –, kann klares Denken und Seelenfrieden entstehen. Die Bibel sagt: „Gott ist nicht ein Gott der Unordnung, sondern ein Gott des Friedens" (1. Korinther 14,33). Wir müssen tun, was wir können, um dafür zu sorgen, dass der Geist unserer Kinder mit Gottes Wort gefüllt ist, damit Verwirrung keinen Raum hat.

Gott hat uns einen *gesunden Geist* geschenkt. Warum sollten wir für unsere Kinder weniger wollen? Bitten wir Gott darum.

Gebet

Herr, ich bitte dich, dass du *(Name des Kindes)* einen klaren, aufmerksamen, aufgeweckten, intelligenten, stabilen, friedlichen und geordneten Geist schenkst. Bitte verhindere Verwirrung, geistige Trägheit und unausgewogenes, zerstreutes, unorganisiertes oder negatives Denken. Gib ihm/ihr die Fähigkeit, immer klar zu denken, klare Entscheidungen zu treffen, alles zu verstehen, was er/sie wissen muss, und sich auf das zu konzentrieren, was er/sie tun soll. Wo vielleicht psychische Labilität, Behinderungen oder Fehlfunktionen sind, bitte ich dich im Namen von Jesus um Heilung. Lass *(Name des Kindes)* in seinem/ihrem Geist erneuert werden (Epheser 4,23) und den Geist von Jesus Christus bekommen (1. Korinther 2,16).

Ich bete, dass er/sie Jesus von ganzem Herzen, ganzer Seele und ganzem Verstand lieben kann und dass in seinem/ihrem Geist kein Raum für die Lügen des Feindes oder den Lärm der Welt ist. Herr, lass dein Wort in seinem/ihrem Herzen Wurzeln schlagen und fülle seinen/ihren Geist mit Dingen aus, die wahr, anständig, gerecht, rein, liebenswert, bewunderungswürdig, vortrefflich und lobenswert sind (siehe Philipper 4,8). Hilf ihm/ihr zu verstehen, dass alles, was in seinen/ihren Geist eindringt, zu einem Teil von ihm/ihr wird, damit er/sie sorgfältig abwägt, was er/sie sich anschaut und anhört.

Herr, du hast gesagt: „Die mit einem festen Sinn umgibst du mit Frieden, weil sie ihr Vertrauen auf dich setzen!" (Jesaja 26,3). Ich bete, dass sein/ihr Glaube an dich und dein Wort täglich wächst, damit er/sie immer mit einem friedlichen und gesunden Geist leben kann.

Das bete ich im Namen von Jesus.

Kraft aus Gottes Wort

Deshalb orientiert euch nicht am Verhalten und an den Gewohnheiten dieser Welt, sondern lasst euch von Gott durch Veränderung eurer Denkweise in neue Menschen verwandeln. Dann werdet ihr wissen, was Gott von euch will: Es ist das, was gut ist und ihn freut und seinem Willen vollkommen entspricht.

Römer 12,2

Sorgt euch um nichts, sondern betet um alles. Sagt Gott, was ihr braucht, und dankt ihm. Ihr werdet Gottes Frieden erfahren, der größer ist, als unser menschlicher Verstand es je begreifen kann. Sein Friede wird eure Herzen und Gedanken im Glauben an Jesus Christus bewahren.

Philipper 4,6-7

Wir setzen die mächtigen Waffen Gottes und keine weltlichen Waffen ein, um menschliche Gedankengebäude zu zerstören. Mit diesen Waffen zerschlagen wir all die hochtrabenden Argumente, die die Menschen davon abhalten, Gott zu erkennen. Mit diesen Waffen bezwingen wir ihre widerstrebenden Gedanken und lehren sie, Christus zu gehorchen.

2. Korinther 10,4-5

Wenn du dich von deiner menschlichen Natur bestimmen lässt, führt das zum Tod. Doch wenn der Heilige Geist dich bestimmt, bedeutet das Leben und Frieden.

Römer 8,6

Ich will vor Gott bezeugen, dass ihr nicht mehr leben sollt wie Menschen, die Gott nicht kennen und deren Denken ohne Sinn und Ziel ist. Ihr Verstand ist verfinstert und sie sind von dem Leben, das Gott für sie hat, weit entfernt, weil sie von ihm nichts wissen wollen und ihre Herzen hart geworden sind.

Epheser 4,17-18

KAPITEL 21

Gottes Freude ins Herz lassen

Einmal kam ein Teenagermädchen zu mir. Ihre Augen waren traurig, ihre Stirn gerunzelt, das Gesicht verhärmt und angespannt. In der folgenden Stunde erzählte sie mir weinend von allem Schmerz ihres Lebens. Sie hatte fast jedes vorstellbare negative Gefühl in sich, darunter auch Selbstmordgedanken. Ich betete mit ihr über alle ihre Probleme und bat Gott dann, ihr einen „Kopfschmuck anstelle von Asche, Freudenöl anstelle von Trauerkleidern und Lobgesang anstelle eines betrübten Geistes" (Jesaja 61,3) zu geben.

Nach dem Beten staunte ich, wie sich ihr Gesicht verändert hatte. An die Stelle des freudlosen, gequälten Ausdrucks war eine strahlende, ruhige Schönheit getreten. Die Freude hatte bereits begonnen, Wurzeln zu schlagen, und sie sah wie ein ganz anderer Mensch aus. Seitdem durfte ich beobachten, wie sie zu einer zuversichtlichen, schönen jungen Frau aufgeblüht ist, die auf ihre ganze Umgebung anziehend wirkt.

Traurigerweise leiden heute viele junge Menschen an Depressionen. Das Schlimmste daran ist, dass sie diese mit ins Erwachsenenalter tragen. Die Depressionen kommen und gehen, legen ihr Leben unter eine schwere Decke, beeinträchtigen ihre Arbeit, stören ihre Beziehungen, ruinieren ihre Gesundheit und wirken sich sogar negativ auf ihr Gottesbild aus.

Das muss nicht unbedingt sein. Ganz gleich, was ein Mensch erlebt hat: Er muss nicht zwangsläufig mit Depressivität oder anderen negativen Emotionen leben. Lassen wir unsere Kinder nicht einfach eine traurige, depressive, aggressive, launische oder schwierige Persönlichkeit entwickeln. Beten wir dagegen an.

Man merkt schnell, welche Menschen negative Gefühle in sich tragen und welche eine Seele voller Freude haben. Besonders an Kindern ist das leicht zu sehen, weil sie ihre Emotionen noch nicht so verstecken können, wie wir Erwachsenen es uns später angewöhnen.

Werfen wir einmal einen langen Blick auf unser Kind: Strahlt es hauptsächlich Frieden, Glück und Freude aus – oder Kummer, Frust, Unzufriedenheit, Wut, Niedergeschlagenheit oder Traurigkeit? Ist es manchmal völlig ohne ersichtlichen Grund ungehalten? Wirkt es manchmal niedergeschlagen oder launisch und kann nicht erklären, warum? Lassen wir keine Gewohnheit daraus werden, wie es mit negativen Gefühlen leicht geschehen kann. Beten wir stattdessen dafür, dass sich in unseren Kindern Gottes Geist der Freude Raum verschafft.

Wir sollten nicht meinen, dass unsere Kinder zu oberflächlichen Persönlichkeiten ohne Mitgefühl für das Leid von anderen werden, wenn wir um Gottes Freude für sie beten. Das wird nicht geschehen. Die Freude Gottes ist reich und tief, und jeder, der in ihr lebt, wird es auch sein. Freude hat nämlich nichts mit glücklichen Umständen zu tun, sondern damit, Gott anzuschauen und zu wissen, dass er alles ist, was wir brauchen.

Damit will ich nicht sagen, dass unsere Kinder nie negative Gefühle haben oder emotionale Schmerzen zeigen dürften. Ich will nur sagen, dass negative Emotionen zu einem Lebensstil werden können. Wir sollen auf Gott schauen, denn Gott führte „sein Volk aus Ägypten heraus und sie freuten sich“ (Psalm 105,43). Er wird unsere Kinder ebenso führen, wenn wir ihn darum bitten.

Gebet

Herr, ich bitte dich für *(Name des Kindes)* um das Geschenk der Freude. Lass heute Freude in ihr/sein Herz einziehen, und lass sie/ihn die Fülle der Freude kennenlernen, die nur in deiner Gegenwart zu finden ist. Hilf ihr/ihm zu verstehen, dass wahres Glück und echte Freude nur in dir zu finden sind.

Bitte umgib sie/ihn mit deiner Liebe, wenn negative Gefühle sie/ihn überwältigen. Lehre sie/ihn zu sagen: „Dies ist der Tag, den der Herr gemacht hat. Lasst uns jubeln und fröhlich sein" (Psalm 118,24). Erlöse sie/ihn von Verzweiflung, Depressivität, Einsamkeit, Entmutigung, Wut oder Ablehnung. Bitte lass diese negativen Haltungen im Leben von *(Name des Kindes)* keinen Raum haben, weder jetzt noch auf Dauer. Hilf ihr/ihm, im Herzen die Entscheidung zu treffen: „Ich will mich im Herrn freuen und will froh sein, weil er mich rettet" (Psalm 35,9).

Herr, ich weiß, dass viele der negativen Emotionen, die dieses Kind hat, auf Lügen beruhen und der Wahrheit deines Wortes entgegenstehen. Lege dein Wort fest in ihr/sein Herz und stärke täglich ihren/seinen Glauben. Befähige sie/ihn, in deiner Liebe zu bleiben und aus deiner Freude heute und immer Kraft zu ziehen.

Das bete ich im Namen von Jesus.

Kraft aus Gottes Wort

Wenn ihr mir gehorcht, bleibt ihr in meiner Liebe, genauso wie ich meinem Vater gehorche und in seiner Liebe bleibe. Ich sage euch das, damit meine Freude euch erfüllt. Ja, eure Freude soll vollkommen sein!

Johannes 15,10-11

Du wirst mir den Weg zum Leben zeigen und mir die Freude deiner Gegenwart schenken. Aus deiner Hand kommt mir ewiges Glück.

Psalm 16,11

Deshalb bete ich, dass Gott, der euch Hoffnung gibt, euch in eurem Glauben mit Freude und Frieden erfüllt, sodass eure Hoffnung immer größer wird durch die Kraft des Heiligen Geistes.

Römer 15,13

Sein Zorn trifft uns einen Augenblick, doch seine Güte umgibt uns unser Leben lang! Die Nacht ist noch voll Weinen, doch mit dem Morgen kommt die Freude.

Psalm 30,6

Ich will mich sehr im Herrn freuen,
meine Seele soll über meinen Gott jubeln!
Denn er hat mir die Gewänder des Heils angezogen
und mich in die Robe der Gerechtigkeit gekleidet.
Ich bin wie ein Bräutigam,

der mit priesterlichem Kopfschmuck geschmückt wurde,
wie eine Braut,
die sich ihren Schmuck angelegt hat.
Jesaja 61,10

KAPITEL 22

Unliebsame Erbstücke

Wir können die Augen unserer Mutter, die Nase unseres Vaters oder die Haarfarbe unserer Großmutter erben, das wissen wir. Aber ist uns bewusst, dass wir auch Charaktereigenschaften von unseren Eltern mitbekommen können, zum Beispiel Jähzorn, Probleme mit der Wahrheit oder den Hang zu Selbstmitleid, Neid, Unversöhnlichkeit, Perfektionismus und Stolz? Diese und andere Eigenschaften, die eine geistliche Wurzel haben, können von unseren Eltern auf uns übergehen und von uns auf unsere Kinder. Es kann sein, dass in einer Familie immer wieder Scheidungen, eheliche Untreue, Alkoholismus oder andere Suchterkrankungen, Selbstmorde oder Depressionen vorkommen – und dass sie leider einfach als unabänderliche Tatsache hingenommen werden.

Die Bibel spricht von dem Einfluss, den unsere Eltern auf uns haben können; im Alten Testament sagt Gott: „Ich strafe die Kinder für die Sünden ihrer Eltern bis in die dritte und vierte Generation" (2. Mose 20,5). In diesem Bibelvers ist die Rede von Menschen, die nicht in einer liebevollen Beziehung zu Gott leben. Auch ein Vater oder eine Mutter, die an Jesus glauben und Gott lieben, können sündigen, und ihre Sünden haben nachhaltigen Einfluss auf ihre Kinder.

Die Bibel sagt: „Wer mit Christus lebt, wird ein neuer Mensch.

Er ist nicht mehr derselbe, denn sein altes Leben ist vorbei. Ein neues Leben hat begonnen!" (2. Korinther 5,17). Das heißt nicht, dass wir plötzlich perfekt und unfähig zur Sünde sind, wenn wir Jesus in unser Leben aufnehmen. Es bedeutet, dass wir von den Folgen der Sünde, dem Tod, befreit sind und Kraft bekommen haben, der Sünde zu widerstehen. Doch wir müssen jeden Tag entscheiden, ob wir in dieser Freiheit und Kraft leben wollen oder nicht.

In der Bibel heißt es auch: „Für die Freiheit hat Christus uns frei gemacht. Steht nun fest und lasst euch nicht wieder durch ein Joch der Sklaverei belasten!" (Galater 5,1; ELB). Wenn es unmöglich wäre, dass Menschen, die an Jesus glauben, wieder in Sklaverei geraten, warum sollte die Bibel uns dann davor warnen? Die Antwort ist: Auch wenn Jesus uns von der Sünde befreit hat, können wir Entscheidungen treffen, die uns wieder in Sünde verstricken.

Der entscheidende Punkt ist, dass wir manchmal bestimmte sündhafte Tendenzen an uns einfach hinnehmen, obwohl wir es nicht müssten. Manchmal setzen wir Familientraditionen fort, die wir nicht fortsetzen sollten, und es beeinträchtigt unsere Kinder. Anders als äußerliche Eigenschaften sind Tendenzen zur Sünde etwas, das wir nicht als Erbe von unseren Eltern annehmen müssen. Diese Tendenzen sind nämlich nichts anderes als eine kritiklose Hinnahme einer fest verwurzelten Lüge des Feindes. Er will uns glauben machen, dass wir in Christus *nicht* ein völlig neues Geschöpf geworden und *nicht* von unserer alten Natur befreit sind. Er flüstert uns ein: Weil Vater oder Großvater gern einen über den Durst tranken oder ständig nörgelten oder ihre Ehefrauen betrogen oder sich scheiden ließen oder im Geschäftsleben unehrlich waren, „ist das eben in unserer Familie so". Doch wir können uns von diesen alten Familiengewohnheiten lösen – durch Gebet und die Kraft des Heiligen Geistes. Und wenn wir Dinge an unseren Kindern sehen, die wir auch an uns selbst nicht mögen, können wir dafür beten, dass sie ebenfalls von dieser Tendenz befreit werden.

Vor vielen Jahren fragte ich einmal meinen christlichen Therapeuten: „Wenn Gott uns durch seine Barmherzigkeit gerettet und der Heilige Geist uns gewaschen und erneuert hat und wir durch Gnade gerechtfertigt sind, warum habe ich dann immer noch Probleme mit der Sünde?"

„Entweder, weil die Sünde noch nicht bekannt wurde, oder weil Sie sich bewusst entscheiden, weiterhin so zu handeln", antwortete er.

„In meiner Vergangenheit sind Dinge geschehen, die ich einigen meiner Verwandten nicht vergeben kann", sagte ich. „Ich habe diese Unversöhnlichkeit immer wieder vor Gott gebracht, und ich will auch nicht so sein. Warum komme ich einfach nicht davon los?"

„Ihre Mutter war ein sehr unversöhnlicher Mensch, nicht wahr?", fragte mein Therapeut.

„Oh ja. Sie hatte einen Groll auf fast jeden in unserer Familie. Deshalb hat sie sich von den meisten distanziert, und deshalb hatte sie auch nur wenige Freunde – sie hat sie wegen der kleinsten Verletzungen mit ihrer Unversöhnlichkeit vertrieben."

„Haben Sie schon einmal überlegt, ob es möglich ist, dass Sie diese Tendenz zur Unversöhnlichkeit ‚geerbt' haben? Kinder bekommen doch mit, wie ihre Eltern sind", fragte er.

Mir war nie der Gedanke gekommen, dass etwas außerhalb meiner eigenen Seele mich dazu treiben könnte, in Unversöhnlichkeit zu verharren. Je mehr ich allerdings darüber nachdachte, desto mehr erinnerte ich mich, diese Eigenschaft auch bei anderen Verwandten gesehen zu haben. Fast jede Familie muss sich früher oder später damit auseinandersetzen, doch die meisten schaffen es, ohne dass ein riesiger Bruch in den Familienbanden entsteht.

„Mir ist klar, dass mich das nicht von meiner Verantwortung zu vergeben entbindet, doch ich kann in meiner Familie ein entsprechendes Verhaltensmuster erkennen", gab ich zu. „Aber am meisten macht mir Angst, dass es auch meinen eigenen Kindern so gehen könnte. Sie sind jetzt schon manchmal unversöhnlich miteinander. Es würde mir das Herz brechen, wenn sie später einmal, als Erwachsene oder nachdem mein Mann und ich nicht mehr leben, nichts mehr miteinander zu tun haben wollten. Ich sehe ein, dass ich diese Unversöhnlichkeit überwinden muss – für meine Kinder genauso wie für mich selbst."

An dem Tag beteten der Therapeut und ich darum, dass sich die Sünde der Unversöhnlichkeit nicht von einer Generation zur anderen fortpflanzt, sondern dass der Heilige Geist ihr ein Ende setzt. Ich hielt mich fest an Gottes Wort, das sagt, dass ich in Christus ein neues Geschöpf bin und nicht mehr in den Gewohnheiten und Sünden der Vergangenheit leben muss. Danach konnte ich Unversöhnlichkeit immer gleich vor Gott bringen, wenn sie bei mir auftauchte – selbst wenn es stündlich sein musste.

Je mehr ich in Bekenntnis, Buße und Gebet meine Unversöhnlichkeit vor Gott brachte, umso mehr konnte ich beobachten, wie sie auch bei meinen Kindern verschwand. Ihre Beziehung zueinander verbesserte sich. Natürlich hängt die Vergebungsfähigkeit meiner Kinder nicht von mir ab. Das ist ihre eigene Entscheidung. Doch hoffentlich werden sie an meinem Vorbild deutlich genug sehen, was Vergebung bedeutet, um sich immer wieder für das Vergeben zu entscheiden.

Wer möchte, dass bei seinem Kind eine negative Eigenschaft

verschwindet, sollte an diesem Punkt bei sich selbst anfangen. Am besten überlegt man dazu als Erstes, an welchen Stellen man im eigenen Leben Sünden hat. Jede Sünde muss vor Gott gebracht werden. Wenn einer Sünde immer wieder Raum gegeben wird, wird sie sich immer tiefer einschleifen. Wiederholtes Lügen zum Beispiel schleift die Gewohnheit ein, und bald gerät sie außer Kontrolle. Ein anderes Beispiel ist, lebensmüde zu sein – auch das ist eine Sünde. Wer oft genug sagt: „Ich will nicht mehr leben", bei dem kann diese Haltung zu konkreten Selbstmordgedanken eskalieren.

Wo wir merken, dass wir gesündigt haben und nicht so leben, wie Gott es will, sollten wir das gleich vor Gott bekennen und uns davon abkehren. Bitten wir Gott um Vergebung und sagen wir: „Herr, bitte übernimm die Kontrolle und hilf mir, nicht mehr so zu leben."

Wenn uns eine Sünde unserer Eltern oder Großeltern bewusst ist, die uns selbst oder unsere Kinder beeinträchtigen könnte, können wir auch dafür beten. In der Bibel steht: „Denn der Geist Gottes selbst bestätigt uns tief im Herzen, dass wir Gottes Kinder sind. Und als seine Kinder sind wir auch Miterben an seinem Reichtum – denn alles, was Gott seinem Sohn Christus gibt, gehört auch uns" (Römer 8,16-17).

Wir wollen Gottes Erben sein, nicht die Erben der Sünde unserer Familie.

Im Namen von Jesus können wir von den sündigen Verhaltensmustern unserer Familie befreit werden, und in der Kraft des Heiligen Geistes können wir uns dagegen wehren, dass sie im Leben unserer Kinder Raum gewinnen. Wenn uns Eigenschaften unserer Familie einfallen, die unsere Kinder lieber nicht erben sollen, dann dürfen wir Gott darum bitten.

Gebet

Herr, du sagst in deinem Wort, dass ein guter Mensch seinen Nachkommen ein Erbe hinterlässt (Sprüche 13,22). Das Erbe, das ich meinen Kindern hinterlassen möchte, soll der Segen sein, der auf ein dir wohlgefälliges Leben und ein reines Herz folgt. Deshalb bitte ich dich, mich im Namen von Jesus von den sündigen Eigenschaften zu befreien, die ich von meiner Familie geerbt habe. Ich bekenne dir meine Sünden und bitte dich um Vergebung und Wiederherstellung, denn dein Wort sagt: „Wenn wir ihm unsere Sünden bekennen, ist er treu und gerecht, dass er uns vergibt und uns von allem Bösen reinigt" (1. Johannes 1,9). Ich weiß, wenn du mich von meiner Sünde reinigst, wird es immer unwahrscheinlicher, dass ich diese Gewohnheit an mein Kind weitergebe.

Jesus, du hast gesagt: „Ich habe euch Vollmacht über den Feind gegeben" (Lukas 10,19). Wenn der Feind durch meine Vergangenheit ins Leben meines Kindes *(Name des Kindes)* eingreifen will, gebiete ich ihm hiermit Einhalt in der Vollmacht, die mir in Jesus Christus gegeben ist. Besonders bete ich für *(hier das nennen, was bei uns oder in unserer Familie existiert und was unser Kind nicht erben soll)*. Was nicht dein Wille für unser Leben ist, will ich als Sünde betrachten und ablehnen.

Danke, Jesus, dass du gekommen bist, um uns von der Vergangenheit zu befreien. Ich möchte nicht in der Vergangenheit gefangen bleiben. Danke, Vater, dass du uns „am Erbe derer beteiligst, die im Licht leben und zu dir gehören" (Kolosser 1,12). Ich bitte dich, dass mein Sohn/meine Tochter keine sündigen Eigenschaften von seiner/ihrer irdischen Familie erbt, sondern das Reich Gottes, „das seit der Erschaffung der Welt auf euch wartet“ (Matthäus 25,34). Danke, Jesus, dass in dir das Alte vergangen und alles neu geworden ist.

Amen.

Kraft aus Gottes Wort

So hat uns Christus also wirklich befreit.
Sorgt nun dafür, dass ihr frei bleibt,
und lasst euch nicht wieder unter das Gesetz versklaven.
Galater 5,1

Gelobt sei der Gott und Vater unseres Herrn Jesus Christus, denn er hat uns in seiner großen Barmherzigkeit das Vorrecht geschenkt, wiedergeboren zu werden. Jetzt haben wir eine lebendige Hoffnung, weil Jesus Christus von den Toten auferstanden ist. Denn Gott hat für seine Kinder ein unvergängliches Erbe, das rein und unversehrt im Himmel für euch aufbewahrt wird. Und in seiner großen Macht wird er euch durch den Glauben beschützen, bis ihr das ewige Leben empfangt. Es wird am Ende der Zeit für alle sichtbar offenbart werden.
1. Petrus 1,3-5

Der Geist Gottes, des Herrn, ruht auf mir, denn der Herr hat mich gesalbt, um den Armen eine gute Botschaft zu verkünden. Er hat mich gesandt, um die zu heilen, die ein gebrochenes Herz haben und zu verkündigen, dass die Gefangenen freigelassen und die Gefesselten befreit werden.
Jesaja 61,1

Das bedeutet aber, wer mit Christus lebt, wird ein neuer Mensch. Er ist nicht mehr derselbe, denn sein altes Leben ist vorbei. Ein neues Leben hat begonnen!

2. Korinther 5,17

Auch wir waren früher unwissend und ungehorsam.
Wir ließen uns in die Irre führen und wurden zu Sklaven vieler Wünsche und Leidenschaften. Unser Leben war voller Bosheit und Neid. Wir hassten die anderen, und sie hassten uns.
Doch dann zeigte Gott, unser Retter, uns seine Freundlichkeit und Liebe. Er rettete uns, nicht wegen unserer guten Taten, sondern aufgrund seiner Barmherzigkeit.
Er wusch unsere Schuld ab und schenkte uns durch den Heiligen Geist ein neues Leben.
Durch das, was Jesus Christus, unser Retter, für uns getan hat, schenkte er uns den Heiligen Geist.
In seiner großen Güte sprach er uns los von unserer Schuld.
Nun wissen wir, dass wir das ewige Leben erben werden.

Titus 3,3-7

KAPITEL 23

Alkohol, Drogen und andere Süchte

Der Satan will unsere Kinder haben, und er versucht sie sich zu holen, egal, auf welchem Weg. Alkohol, Drogen und andere Süchte gehören zu seinen erfolgreichsten Ködern. Unsere Kinder stehen in dieser Hinsicht so sehr unter Beschuss, dass sie es ohne unsere Unterstützung nicht schaffen werden. Die gute Nachricht ist, dass sie *mit* unserer Unterstützung, unseren Gebeten und unserer Anleitung widerstehen können.

Wir können gar nicht früh genug damit anfangen, dafür zu beten, dass unsere Kinder Alkohol und Drogen meiden. Oft sind sie diesen Dingen schon in jungen Jahren ausgesetzt, und die Gefahr, eine Sucht zu entwickeln, ist groß. Es ist auch nie zu spät, mit dem Beten anzufangen, denn diese Versuchungen können jedem jederzeit im Leben begegnen. Ich kenne jemanden, der mit über fünfzig Alkoholiker wurde. Er sagte, seine Anfälligkeit in dieser Richtung sei ihm schon bewusst gewesen, doch er gab ihr erst bei einer Feier nach, auf der Hochprozentiges serviert wurde. Er probierte einen kleinen Schluck, und als er nach Hause kam, hörte er nicht mehr auf zu trinken. Vielleicht wäre es nicht so weit gekommen, wenn er Gebetsunterstützung durch seine Eltern oder eine Gebetsgruppe gehabt hätte.

In der christlichen Musikszene habe ich viele Zusammenbrüche wegen Alkohol und Drogen miterlebt. Diese Menschen stehen an vorderster Front und wissen es nicht einmal, bis sie „abgeschossen“ werden. Sie sind Hauptziele für Angriffe des Feindes, und sie gehen in seine Falle, weil sie keine Gebetsunterstützung haben. Natürlich geben manche von ihnen auch bewusst der Versuchung nach, doch ich glaube, die meisten von ihnen wollen eigentlich das Richtige tun. Der springende Punkt ist: Die Sogkraft unserer menschlichen Neigungen und die Pläne des Teufels sind viel stärker, als wir meinen. In einem Moment der Schwäche, wie wir ihn alle erleben können, kann es passieren, dass wir etwas tun, zu dem wir uns niemals fähig gehalten hätten. Nur die Kraft Gottes kann hier helfen, die wir im Gebet in Anspruch nehmen dürfen.

Wenn unser Kind in diesem Bereich bereits ein Problem und der Teufel in der Schlacht an Boden gewonnen hat, sollten wir uns in dem festen Wissen, wer wir in Jesus Christus sind, dagegen wehren. Unsere Kinder gehören zu *uns* und *nicht* zum Teufel, und wir können bei Gott für sie eintreten. Wir haben Vollmacht – Satan nicht. Er kann nur mit Lügen und Betrug arbeiten. Durch die Vollmacht, die wir durch Jesus Christus haben, unseren Retter, der Herr über alles in unserem Leben ist – auch über unsere Kinder –, können wir seinen Lügen entgegentreten.

In der Bibel heißt es: „Was immer ihr esst oder trinkt oder tut, das tut zur Ehre Gottes!“ (1. Korinther 10,31). Beten wir, dass alles, was unsere Kinder mit ihrem Körper tun, zu Gottes Ehre und Herrlichkeit geschieht.

Gebet

Herr, ich bete, dass du *(Name des Kindes)* in keine Abhängigkeit geraten lässt, besonders von Alkohol oder Drogen. Mach sie/ihn stark in dir, zieh sie/ihn nah zu dir und befähige sie/ihn, dir die Kontrolle über ihr/sein Leben anzuvertrauen. Sprich ihr/sein Herz an und zeige ihr/ihm den Weg, den sie/er gehen soll. Hilf ihr/ihm zu sehen, dass es zum Dienst für dich gehört, ihren/seinen Körper frei von Dingen zu halten, die ihn zerstören.

Ich bitte dich, Herr, dass du alle Pläne des Satans durchkreuzt, ihr/sein Leben durch Alkohol oder Drogen zu zerstören. Bitte nimm alles in ihrer/seiner Persönlichkeit weg, das sich zu diesen Dingen hingezogen fühlen könnte. Dein Wort sagt: „Der Mensch hält einen Weg für richtig, und dennoch führt er in den Tod“ (Sprüche 16,25). Bitte gib *(Name des Kindes)* Einsicht und Kraft, zu Dingen, die den Tod bringen, nein sagen zu können – und ja zu den Dingen, die von dir kommen und Leben bringen. Wenn sie/er in Versuchung gerät, dann lass sie/ihn deutlich deine Wahrheit sehen und rette sie/ihn vor dem Bösen, wenn sie/er in eine Falle geraten ist. Mach sie/ihn fähig, sich in allem, was sie/er tut, für das Leben zu entscheiden, und hilf ihr/ihm, allein von dir und dem, was dir Ehre macht, abhängig zu sein.

Im Namen von Jesus bete ich, dass alles, was sie/er mit ihrem/seinem Körper tut, zu deiner Ehre geschieht.

Amen.

Kraft aus Gottes Wort

Denn wenn ihr euch weiter von eurer menschlichen Natur bestimmen lasst, werdet ihr sterben. Wenn ihr euch aber durch die Kraft des Heiligen Geistes von eurem alten Wesen und den bösen Taten abwendet, werdet ihr leben.

Römer 8,13

Gib dich nicht schlechten Launen hin
und halte dir die Sorge vom Leib.

Prediger 11,10

Heute stelle ich euch vor die Wahl zwischen Leben und Tod, zwischen Segen und Fluch. Der Himmel und die Erde sind meine Zeugen. Wählt doch das Leben, damit ihr und eure Nachkommen am Leben bleiben!

5. Mose 30,19

Die Gerechtigkeit rettet die Rechtschaffenen,
die Betrüger aber bringt ihr eigener Ehrgeiz zu Fall.

Sprüche 11,6

Nur dann, wenn der Sohn euch frei macht,
seid ihr wirklich frei.

Johannes 8,36

KAPITEL 24

Probleme mit dem Thema Nr. 1 ...

Was wir neben katastrophalen Verletzungen, Tod und ewiger Hölle wohl am meisten im Leben unserer Kinder fürchten, ist sexuelle Unmoral. Der Grund ist, dass die Folgen von sexuellen Sünden oft ein Leben lang nachwirken – häufig für die Eltern ebenso wie für das Kind. Worte wie „Abtreibung", „außerehelich", „Untreue", „sexuelle Perversion", „sexuell übertragbare Krankheiten" und „AIDS" lassen alle Eltern erschaudern.

Uns allen ist klar, dass es aus sexueller Unmoral keinen Ausweg ohne Folgen gibt. Doch wir sind nicht nur um das besorgt, was mit dem Körper unserer Kinder geschieht. Die Bibel sagt: „Lasst euch nicht von den Versuchungen dieser Welt bestimmen, denn sie schaden eurer Seele" (1. Petrus 2,11). Die Folgen von sexueller Sünde betreffen auch unsere Seele.

Schon als meine Kinder noch klein waren, begann ich für diese Fragen zu beten, und ich betete weiter, bis sie erwachsen waren. Ich wollte nicht, dass sie an AIDS starben, und ich wollte auch keine Enkelkinder, bevor meine Kinder verheiratet waren. Abgesehen von diesen wichtigen Punkten wollte ich auch nicht, dass sie Gott ungehorsam sind und ihnen entgeht, was er für sie vorbereitet hat. Ich weiß, dass uns Menschen bei sexueller Sünde die Fülle von Gottes Gegenwart, Frieden, Segen und Freude verloren geht. Dieser Preis ist zu hoch.

Wir dürfen nicht erst anfangen, dafür zu beten, wenn unsere Kinder in die Pubertät kommen – ebenso wenig, wie wir bis dahin warten dürfen, bevor wir ihnen beibringen, dass das Leben nach Gottes Regeln besser funktioniert. Wir müssen *heute* dafür beten. Sexuelle Versuchung lauert überall. Sie ist unseren Kindern ständig vor Augen: auf Reklametafeln, im Fernsehen und Radio, in Filmen, moderner Musik, Büchern und Zeitschriften – selbst in eigentlich harmlosen Publikationen, die mit Nachrichten, Sport, Gesundheit oder Hobbys zu tun haben. Unsere Kinder werden damit bombardiert, und wir verschließen die Augen vor der Realität, wenn wir meinen, sie könnten nicht in Versuchung geraten. Das Gegenteil ist der Fall, und die Anziehungskraft ist enorm. Unsere Kinder brauchen unsere Fürbitte. Selbst wenn unsere Kinder in diesem Bereich bereits versagt haben, ist es nie zu spät für sie, Gott ihre Sünde zu bekennen und sich davon abzuwenden und dann von ihm Vergebung, Heilung und Erneuerung zu empfangen.

Die Bibel sagt uns: „Sich auf sich selbst zu verlassen ist dumm, wer sich aber an die Weisheit hält, lebt in Sicherheit" (Sprüche 28,26). Wir müssen darum beten, dass unsere Kinder auf Gott vertrauen und nicht auf ihre unzuverlässigen Emotionen, damit sie ein weises Leben führen und dieser gefährlichen Falle aus dem Weg gehen. Wir müssen dafür beten, dass sie nach Gottes Willen leben.

Zu einem solchen Leben nach Gottes Willen gehört sexuelle Reinheit, und die Grundlage dafür wird schon früh im Leben geschaffen. Ganz gleich, wie alt unsere Kinder sind – Kleinkinder, Teenager oder schon über dreißig – und ob sie noch keine sexuellen Erfahrungen gemacht haben oder bereits sexuell aktiv sind: Fangen wir an, dafür zu beten, dass sie von heute an ein Leben in sexueller Reinheit führen.

Gebet

Herr, bitte hilf *(Name des Kindes),* immer in sexueller Reinheit zu leben. Gib ihm/ihr ein Herz, das in diesem Bereich das Richtige tun will. Verwurzele das Prinzip der Reinheit in seiner/ihrer Persönlichkeit, sodass er/sie sich in seinem/ihrem Handeln davon leiten lässt. Hilf ihm/ihr, immer Regeln für Beziehungen aufzustellen, die deinem Willen entsprechen, und allem zu widerstehen, das weniger als dein Bestes ist. Öffne ihm/ihr die Augen für die Wahrheit deines Wortes und hilf ihm/ihr zu sehen, dass Geschlechtsverkehr außerhalb der Ehe nie zu der hingebungsvollen, dauerhaften, bedingungslosen Liebe führen wird, die er/sie braucht. Lass seine/ihre Persönlichkeit und Gefühle nicht die Verletzungen und Narben davontragen, die mit dem Zerbruch der Seele durch sexuelle Unmoral einhergehen.

Ich bete, dass er/sie keinen Sex vor der Ehe hat und keinen Sex mit einem anderen Menschen als seiner/ihrem Ehepartner/in. Bitte verhindere, dass er/sie sexueller Perversion zum Opfer fällt und, wenn möglich, nicht einmal in Kontakt damit kommt. Halte ihn/sie fern von jedem, der böse Absichten hat, oder entferne diesen Menschen aus seinem/ihrem Leben. Schütze ihn/sie vor sexueller Belästigung oder Vergewaltigung. Wende seinen/ihren Blick von der sexuellen Unmoral ab, die unsere Welt durchdringt, und lass ihn/sie begreifen, dass „die Freundschaft mit dieser Welt euch zu Feinden Gottes macht“ (Jakobus 4,4). Herr, hilf ihm/ihr, sich nach deiner Anerkennung zu sehnen und nie sexuelle Sünden in sein/ihr Leben zu lassen. Rette ihn/sie von allen Begierden und Versuchungen, die zu Versagen in diesem Bereich führen würden. Statte seine/ihre Seele mit einem lauten, schrillen Alarm aus, den dein Heiliger Geist jedes Mal auslöst, wenn *(Name des Kindes)* die Grenze dessen übertritt, was in deinen Augen richtig ist.

Dein Wort sagt: „Gott segnet denjenigen, der die Prüfungen des Glaubens geduldig erträgt. Wenn er sich bewährt hat, wird er das ewige Leben empfangen, das Gott denen versprochen hat, die ihn lieben" (Jakobus 1,12). Sprich ihn/sie laut und deutlich an, wenn er/sie in Versuchung gerät, etwas zu tun, das er/sie nicht tun sollte, und mach ihn/sie stark genug in dir, für das einzutreten, was richtig ist, und nein zu sexueller Unmoral zu sagen. Bitte hilf ihm/ihr durch deine Gnade, eine unerschütterliche Entscheidung zur Reinheit zu treffen, damit er/sie deine Belohnung dafür empfängt.

Das bete ich im Namen von Jesus.

Kraft aus Gottes Wort

Gott möchte, dass ihr heilig seid; deshalb sollt ihr nicht unzüchtig leben. Dann wird jeder von euch so leben, dass er Gott Ehre macht – nicht in zügelloser Begierde wie jene Menschen, die Gott nicht kennen.

1. Thessalonicher 4,3-5

Deshalb haltet euch fern von aller Unzucht! Keine andere Sünde hat so große Auswirkungen auf den Körper wie diese, denn Unzucht ist eine Sünde gegen den eigenen Körper.

1. Korinther 6,18

Unser Körper wurde aber nicht zur Unzucht geschaffen. Er ist für den Herrn bestimmt, und der Herr sorgt für ihn.

1. Korinther 6,13

Vergesst nicht, dass die Prüfungen, die ihr erlebt, die gleichen sind, vor denen alle Menschen stehen. Doch Gott ist treu. Er wird die Prüfung nicht so stark werden lassen, dass ihr nicht mehr widerstehen könnt. Wenn ihr auf die Probe gestellt werdet, wird er euch eine Möglichkeit zeigen, trotzdem standzuhalten.

1. Korinther 10,13

Jeder Mensch wird durch seine eigenen Begierden dazu verleitet, Böses zu tun. Wer seinen Begierden nachgibt, sündigt, und die vollzogene Sünde führt zum Tod.

Jakobus 1,14-15

KAPITEL 25

Der richtige Ehepartner

Bereits kurz nach der Geburt meiner Kinder fing ich an, für ihren jeweiligen Ehepartner zu beten. Außerdem betete ich, dass sie nie in ihrem Leben über Scheidung nachdenken würden. Mancher mag solche Gebete für verfrüht halten, doch sie sind es nicht. Neben der Entscheidung für Jesus ist die Wahl des Ehepartners die wichtigste Entscheidung im Leben unserer Kinder. Sie wird sich auf ihr ganzes restliches Leben auswirken, ganz zu schweigen vom Leben anderer Familienmitglieder. Die falsche Entscheidung kann Leid und Schmerz für alle Beteiligten bringen. Und da nur Gott weiß, wer der beste Ehepartner für einen Menschen ist, sollte er zuerst gefragt werden und die endgültige Antwort geben.

Wenn ich an Bekannte von mir denke, die schmerzliche Ehen, gewalttätige Ehepartner, eheliche Untreue oder mehrere Ehen erlebt haben, die zu spät geheiratet haben, um noch Kinder bekommen zu können, oder die alleinstehend und unglücklich darüber sind, fällt mir eines auf: Keiner von ihnen hatte Eltern, die für ihren Ehepartner und ihre Ehe gebetet haben.

Andererseits kenne ich Ehepaare, die wunderbar zusammenpassen und keine der genannten Probleme haben. Es überrascht mich nicht, dass alle von ihnen Eltern hatten, die in dieser Hinsicht für sie gebetet haben – oder dass alle diese Menschen selbst gebetet und gewartet haben, bis sie sich sicher waren, den Partner gefunden zu haben, den Gott für sie ausgesucht hat. Außerdem sind diese Menschen nicht von einer Beziehung zur nächsten geflattert und haben auch nicht Gottes Regeln für sexuelle Reinheit missachtet. Sie haben sich für den Partner aufgehoben, den Gott für sie vorgesehen hatte, und wurden reich belohnt.

Aufgrund dieser Beobachtungen und meiner eigenen Erfahrung bin ich zu der persönlichen Überzeugung gelangt, dass Ehen wirklich „im Himmel geschlossen" werden können, wenn wir zum größten „Ehevermittler" von allen beten.

Unser Sohn ist mittlerweile mit einer wunderbaren, gottesfürchtigen jungen Frau verheiratet, die wir wie eine Tochter lieben. Unsere Tochter ist mit einem wunderbaren, gottesfürchtigen jungen Mann verheiratet, den wir wie einen Sohn lieben. Wir wissen, dass diese beiden „Familienzuwächse" Antworten auf die Gebete sind, die wir seit der Geburt unserer Kinder für sie zum Himmel geschickt haben. Nun beten wir für die Jahre, die vor ihnen liegen.

Grandiose Hochzeiten bedeuten noch lange keine perfekten Ehen. Die kann nur Gott geben. Die Bibel sagt: „Ein Mensch kann viele Pläne schmieden, doch der Wille des Herrn wird sich erfüllen" (Sprüche 19,21). Hochzeitsplaner und Partyservice bringen Braut und Bräutigam nicht auf den richtigen Weg – das geschieht nur, wenn man Gott fragt und seiner Führung folgt. Und nur Gebet sorgt dafür, dass unsere Kinder immer wieder nach Gottes Willen fragen, statt ihren eigenen momentanen Emotionen zu folgen.

Der Geist Gottes schweißt Ehen zusammen; ein Geist der Entzweiung zerstört sie. Beten wir darum, dass der Heilige Geist die Zukunft unserer Kinder bestimmt.

Wenn unsere Kinder bereits verheiratet sind, dürfen wir dafür beten, dass die Ehepaare fest zueinander stehen, damit sie einig sind in dem, was sie denken und wollen (siehe 1. Korinther 1,10) – denn „eine Hausgemeinschaft, in der man sich streitet, ist verloren“ (Matthäus 12,25). Beten wir dafür, dass sich kein Geist der Entzweiung einnisten und einen Keil zwischen die beiden treiben kann. Wenn eines unserer Kinder eine Scheidung hinter sich hat, dürfen wir dafür beten, dass alle Verletzungen geheilt werden und es keine weitere Scheidung erleben muss.

Ganz gleich, wie alt unsere Kinder sind: Beten wir heute für diesen Bereich ihres Lebens. Scheidung ist ein Teil unseres Zeitgeistes, und fast jeder ist früher oder später davon bedroht. Kämpfen wir durch die Kraft des Heiligen Geistes, die durch Jesus Christus in uns ist, gemeinsam dagegen an – für uns selbst und unsere Kinder.

Gebet

Herr, es sei denn, dein Plan für *(Name des Kindes)* ist, unverheiratet zu bleiben, bitte ich dich, dass du ihr/ihm den richtigen Ehepartner/die richtige Ehepartnerin schickst. Schick ihr/ihm den richtigen Ehemann/die richtige Ehefrau zur richtigen Zeit und zeig ihr/ihm ganz deutlich, wer es sein soll. Bitte hilf meiner Tochter/meinem Sohn, sich dir unterzuordnen und deine Stimme zu hören, wenn es um die Wahl ihres Lebenspartners/seiner Lebenspartnerin geht, und dass sie/er diese Entscheidung auf der Grundlage dessen trifft, was du sagst, und nicht nur aufgrund menschlicher Wünsche. Bitte hilf ihr/ihm, dir von ganzem Herzen zu vertrauen und sich nicht auf den eigenen Verstand zu verlassen. Hilf ihr/ihm, in allem, was sie/er tut, immer an dich zu denken und sich von dir den richtigen Weg zeigen zu lassen (siehe Sprüche 3,5-6).

Bitte bereite auch den Menschen vor, der für meine Tochter/meinen Sohn der richtige Ehemann/die richtige Ehefrau ist. Hilf meiner Tochter/meinem Sohn, unterscheiden zu können, was einfach nur Verliebtheit ist und was die Gewissheit, dass Gott genau diesen Menschen als ihren Partner/seine Partnerin für den Rest ihres/seines Lebens ausgesucht hat. Wenn sie/er sich zu jemandem hingezogen fühlt, den sie/er nicht heiraten sollte, dann beende du, Herr, bitte diese Beziehung. Hilf meiner Tochter/meinem Sohn zu erkennen, dass du im Mittelpunkt einer Ehe stehen musst, oder sie wird nicht halten. Wenn du sie nicht segnest, wird sie nicht gesegnet sein. Dein Wort sagt: „Wenn der Herr nicht das Haus baut, ist die Arbeit der Bauleute vergeblich"

(Psalm 127,1). Ich bitte dich, dass du die Ehe baust, auf die sich ihre Familie gründen wird.

Wenn sie/er den richtigen Ehepartner/die richtige Ehepartnerin findet, dann lass es einen Menschen sein, der dich fürchtet und dir voller Hingabe dient, der dich liebt und nach deinem Willen lebt, und der auch für uns wie ein Sohn/eine Tochter und ein Segen für die ganze Familie sein kann. Wenn sie/er verheiratet ist, verhindere bitte, dass es zu einer Scheidung kommt. Verhindere Missbrauch und Misshandlung im geistigen, emotionalen oder körperlichen Bereich, und schenk bitte stattdessen geistige, emotionale und körperliche Einheit, die nie von Entzweiung berührt wird. Bitte wehre jedem Geist der Entzweiung, Trennung oder Unstimmigkeit, der einen Keil in die Beziehung zu treiben versucht. Gib beiden den starken Wunsch, in Treue miteinander zu leben, und halte jede Versuchung zur Untreue fern.

Bitte gib, dass sie/er einen Lebenspartner/eine Lebenspartnerin hat, der ihr/ihm auch ein guter Freund/eine gute Freundin ist. Lass die beiden ihr Leben lang loyal, mitfühlend, rücksichtsvoll, sensibel, respektvoll, herzlich, vergebungsbereit, hilfsbereit, fürsorglich und liebevoll miteinander umgehen.

Das bete ich im Namen von Jesus.

Kraft aus Gottes Wort

Der Wille Gottes wird schon mit Beginn der Schöpfung deutlich, als er sie als Mann und Frau schuf. „Deshalb wird ein Mann Vater und Mutter verlassen und sich an seine Frau binden und die beiden werden zu einer Einheit." Dann sind sie nicht mehr zwei, sondern eins, und niemand darf sie trennen, denn Gott hat sie zusammengebracht.

Markus 10,6-9

Haltet die Ehe in Ehren und bleibt einander treu! Gott wird Menschen, die unzüchtig leben und die Ehe brechen, ganz sicher richten.

Hebräer 13,4

Wer sich von seiner Frau scheiden lässt und eine andere heiratet, begeht Ehebruch.

Markus 10,11

Der Mann, der eine Frau findet, hat einen Schatz gefunden und der Herr freut sich über ihn.

Sprüche 18,22

Ihr bedeckt den Altar des Herrn mit Tränen. Ihr weint und jammert, weil er von euren Opfern nichts wissen will und sie aus eurer Hand nicht wohlwollend annimmt. Ihr fragt: „Warum?" Weil der Herr Zeuge war zwischen dir und der Frau deiner Jugend. Doch du bliebst ihr nicht treu, obwohl sie deine Lebensgefährtin war, mit der du den Bund geschlossen hast. Niemand, in dem noch ein Rest des Geistes war, handelte so. Sondern er soll Nachkommen hervorbringen, die zu Gott gehören. Hüte dich deshalb bei deinem Leben und brich der Frau deiner Jugend nicht die Treue. „Denn ich hasse die Scheidung!", spricht der Herr, der Gott Israels.

Maleachi 2,13-16

KAPITEL 26

Ein Leben frei von Unversöhnlichkeit

Wenn ich meine Kinder für etwas um Verzeihung bitten muss, sage ich ihnen, dass ich von ihnen den Satz „Ich vergebe dir" hören muss. Das mache ich nicht nur, weil *ich* es ausdrücklich *hören* muss, sondern weil *sie* es ausdrücklich *sagen* und aus der Situation entlassen werden müssen. Auch wenn meine Kinder miteinander streiten, bitte ich sie, „Es tut mir leid" und „Ich verzeihe dir" zueinander zu sagen. Selbst wenn sie es in dem Moment nicht von ganzem Herzen so empfinden, weiß ich, dass das, was sie sagen, am Ende einen Weg in ihre Seele finden wird. Natürlich ist es am besten, wenn Kinder es sagen und so meinen, ohne dass man es ihnen extra sagen muss, doch bis dahin ist diese Methode viel besser, als gar nichts zu tun und einfach auf Vergebung zu warten.

Ich habe meinen Kindern beigebracht: „Vergebung ist eine *Entscheidung*. Wenn ihr nicht vergebt, wird es sich in der einen oder anderen Form in eurem Leben zerstörerisch auswirken. Vergebungsbereitschaft wächst am besten, wenn man für den Menschen betet, dem man vergeben muss. Auch wenn es zunächst schwer sein mag – wenn ihr euch erst einmal darauf einlasst und immer mehr Dinge findet, für die ihr beten könnt, werdet ihr merken, dass ihr ein weiches Herz für den betreffenden Menschen bekommt."

Ich (und Sie wahrscheinlich auch) habe aus nächster Nähe Familien erlebt, die einfach darauf warteten, dass Vergebung „passiert". Sie vergeben nicht, bevor sie sich zur Versöhnung bereit *fühlen*. Infolgedessen gibt es oft schwere Zerwürfnisse zwischen den Familienmitgliedern. Sie sagen ständig unfreundliche Dinge zueinander oder übereinander, oder sie reden schon seit Jahren nicht mehr miteinander. Jedes Wort und jede Tat ist von einem deutlichen Mangel an Liebenswürdigkeit und gegenseitiger Wertschätzung begleitet, weil einer Haltung der Unversöhnlichkeit Raum gegeben wurde. Die ganze Familie leidet, wenn ein oder mehrere Mitglieder unversöhnlich miteinander leben.

Zum „Vater und Mutter ehren" und dem damit verbunden Versprechen eines langen Lebens und Segens gehört auch, dass Kinder ihren Eltern deren Unzulänglichkeiten vergeben und alles Verletzende, was sie vielleicht getan haben. Daneben müssen Kinder auch lernen, ihren Geschwistern, Tanten, Onkeln, Cousins und Cousinen, Großeltern, Bekannten, Freunden, Feinden und manchmal sogar sich selbst zu vergeben. Dazu müssen wir sie ermutigen. Wenn wir unseren Kindern nicht beibringen zu vergeben, tun wir ihnen damit einen schlechten Dienst, der ernste Folgen haben kann.

Es gibt noch eine gute Möglichkeit, unseren Kindern zu helfen, frei von Unversöhnlichkeit zu leben (abgesehen davon, dass wir dafür beten und sie zum Vergeben anleiten): Wir können uns selbst von unserer Unversöhnlichkeit lösen. Unversöhnlichkeit kann sich so schnell in unser Leben einschleichen, dass wir sie als Ballast mitschleifen, ohne uns dessen überhaupt bewusst zu sein.

Vergebung bedeutet nicht, dass der andere im Recht ist, sondern sie macht mich frei. Als ich das irgendwann begriff, war es ein enormer Durchbruch für mich. Vorher hatte ich immer das

Gefühl, Vergebung heißt, dass ich zu der anderen Person sage: „Was du gemacht hast, war in Ordnung." Doch das stimmt nicht. Vergebung bedeutet, darauf zu vertrauen, dass Gott ein gerechter Gott ist – so, wie er es selbst von sich sagt – und zu ihm zu sagen: „Vater, ich möchte diesen Menschen nicht mehr durch Unversöhnlichkeit an mich binden." Es bedeutet anzuerkennen, dass Gott die Wahrheit kennt, und ihm zu erlauben, der Richter zu sein, denn nur er allein kennt die ganze Geschichte.

Die Bibel sagt: „Der Herr ist ein gerechter Gott. Glücklich ist, wer auf ihn vertraut" (Jesaja 30,18). Wir werden gesegnet, wenn wir Gott unsere Unversöhnlichkeit bekennen, ihn im Gebet um Befreiung davon bitten und dann einfach darauf warten, dass Gott das Richtige tut, während wir seinen Segen genießen. Klingt das nicht viel besser, als im Gefängnis der Unversöhnlichkeit zu leben und uns seelisch, körperlich, in unseren Beziehungen und in unserem ganzen Leben davon krank machen zu lassen?

Wie kann ein Sohn seinem Vater vergeben, der ihn verprügelt hat? Wie kann eine Mutter dem betrunkenen Autofahrer vergeben, der ihre Tochter das Leben gekostet hat? Wie kann ein junges Mädchen dem Onkel vergeben, der sie sexuell missbraucht hat? Wie kann ein Mensch barmherzig zu jemandem sein, der unbarmherzig war? – Für alle diese Personen ist es unmöglich, vollständig zu vergeben, wenn sie nicht in Gottes Gegenwart kommen und seine umfassende Vergebung begreifen. Nichts anderes kann uns solche Freude und Erleichterung schenken. Diese Vergebung bringt Leben, weil sie unser gesamtes Sein erneuert. In der Bibel heißt es: „Nein, liebe Freunde, ich bin noch nicht alles, was ich sein sollte, aber ich setze meine ganze Kraft für dieses Ziel ein. Indem ich die Vergangenheit vergesse und auf das schaue, was vor mir liegt, versuche ich, das Rennen bis zum Ende durchzuhalten und den Preis zu gewinnen, für den Gott uns durch Christus Jesus bestimmt hat" (Philipper 3,13-14).

Solange wir noch von der Vergangenheit gefesselt und an sie gebunden sind, kommen wir nicht weiter und können nicht entdecken, was Gott für uns vorbereitet hat. Jesus sagte: „Gott segnet die Barmherzigen, denn sie werden Barmherzigkeit erfahren" (Matthäus 5,7). Beten wir dafür, dass unsere Kinder barmherzig sein können, damit Gottes Barmherzigkeit zu ihnen durch nichts eingeschränkt ist. Beten wir, dass sie Menschen sein können, die sagen können: „Ich vergebe dir", wenn es nötig ist.

Beten wir darum, dass Verbitterung und Unversöhnlichkeit nicht wie eine Mauer zwischen uns und Gott stehen und unsere Gebete behindern. Dafür haben wir keine Zeit. Es gibt viel zu viel, wofür wir beten müssen.

Gebet

Herr, ich bitte dich, dass du *(Name des Kindes)* fähig machst, als vergebender Mensch zu leben. Lehre ihn/sie die Tiefe deiner Vergebung für ihn/sie, damit er/sie auch großzügig anderen vergeben kann. Hilf ihm/ihr, sich für das Vergeben zu entscheiden, weil du es von uns möchtest, statt danach zu gehen, wie er/sie sich in dem Moment fühlt. Hilf ihm/ihr zu verstehen, dass Vergebung nicht das Handeln der anderen Person rechtfertigt, sondern dass er/sie selbst dadurch frei wird. Hilf ihm/ihr zu verstehen, dass allein du die ganze Geschichte von uns allen kennst und er/sie darum kein Recht hat zu urteilen.

Herr, dein Wort sagt: „Wer seinen Nächsten liebt, lebt im Licht und niemand nimmt Anstoß an ihm. Wer seinen Nächsten hasst, lebt in der Finsternis und weiß nicht, wohin er geht, denn durch die Finsternis ist er blind geworden" (1. Johannes 2,10-11). Zeig mir die Stellen, an denen ich in der Finsternis der Unversöhnlichkeit lebe. Ich möchte sie nicht in meinem Leben haben, sondern klar sehen und wissen, wohin ich gehe. Darum bitte ich dich auch für mein Kind. Lass ihn/sie immer im Licht von Liebe und Vergebung leben. Befähige ihn/sie, Verwandten, Freunden und auch allen anderen zu vergeben. Lehre ihn/sie, die Vergangenheit in deine Hände zu legen, damit er/sie das Leben führen kann, das du für ihn/sie vorgesehen hast. Lass ihn/sie bitte nicht Groll, Verbitterung und Wut hegen, sondern hilf ihm/ihr vielmehr, diese Gefühle immer gleich dir zu überlassen, wenn sie sich einschleichen.

Bitte hilf ihm/ihr, sich selbst zu vergeben, wenn er/sie versagt hat, und verhindere, dass er/sie dir die Schuld an Dingen gibt, die auf dieser Erde und in seinem/ihrem Leben geschehen. Deinem Wort entsprechend bete ich, dass er/sie seine/ihre Feinde liebt, diejenigen segnet, die ihn/sie verfluchen, denen Gutes tut, die ihn/sie hassen, und für die betet, die ihn/sie verletzen und verfolgen (siehe Lukas 6,27-28), damit er/sie deinen Segen genießen kann. Bitte hilf ihm/ihr, selbst in der vollkommenen Vergebung zu leben, die du schenkst, und die Freiheit dieser Vergebung in seinem/ihrem Herzen auszuleben.

Das bete ich im Namen von Jesus.

Kraft aus Gottes Wort

Befreit euch von Bitterkeit und Wut, von Ärger, harten Worten
und übler Nachrede sowie jeder Art von Bosheit.
Seid stattdessen freundlich und mitfühlend zueinander
und vergebt euch gegenseitig, wie auch Gott euch
durch Christus vergeben hat.

Epheser 4,31-32

Wenn ihr denen vergebt, die euch Böses angetan haben,
wird euer himmlischer Vater euch auch vergeben.
Wenn ihr euch aber weigert, anderen zu vergeben,
wird euer Vater euch auch nicht vergeben.

Matthäus 6,14-15

Der König war so zornig, dass er den Mann ins Gefängnis
werfen ließ, bis er seine Schulden bis auf den letzten Cent
bezahlt hatte. Genauso wird mein Vater im Himmel mit euch
verfahren, wenn ihr euch weigert,
euren Brüdern und Schwestern zu vergeben.

Matthäus 18,34-35

Menschen mit Verstand zügeln ihren Zorn; sie erwerben
Achtung, wenn sie über Unrecht hinwegsehen.

Sprüche 19,11

Doch wenn ihr betet, dann vergebt zuerst allen, gegen die ihr einen Groll hegt, damit euer Vater im Himmel euch eure Sünden auch vergeben kann.

Markus 11,25

KAPITEL 27

Buße und Umkehr einüben

Es gibt Kinder, die leben in Schuld und dem Gefühl, verurteilt zu sein, weil sie nicht dazu angehalten werden, ihre Sünden zu bekennen, sich davon abzuwenden und Vergebung zu empfangen. Sie haben, finde ich, nicht die gleichen klaren Augen und zuversichtlichen Gesichter wie Kinder, die dieses Gefühl, verurteilt zu sein, nicht kennen. In der Bibel heißt es in einem Vers: „Die von ihm Hilfe erhoffen, werden vor Freude strahlen, und sie werden nicht vor Scham erröten" (Psalm 34,6). Kinder, die ihre Fehler eingestehen können und denen sie leid genug tun, um etwas an ihrem Verhalten ändern zu wollen, haben eine ganz andere Ausstrahlung als diejenigen, die ihre Sünde verstecken und nicht die Absicht haben, sie zu bekennen.

Sünden zu beichten und sich von ihnen abzuwenden, sind zwei Lebensprinzipien, auf denen wir bei unseren Kindern bestehen sollten. Unbereinigte Sünde baut nämlich eine Mauer zwischen ihnen und Gott auf. Buße – und damit meine ich „sich von der Sünde abkehren und sie nicht wieder tun wollen" – zeigt sich daran, dass ein Kind sagen kann: „Ich war's. Es tut mir leid, und ich will es nicht wieder tun." Ein Kind wird unter den Fesseln von unbereinigter Sünde leiden, wenn es nicht lernt, sie zu bekennen und sich von ihr abzuwenden – und das wiederum wird sich in seiner Ausstrahlung, seiner Persönlichkeit und seinem Handeln widerspiegeln.

Gott sagte zu den Israeliten, die ihm ungehorsam waren und sich nicht von ihrem Ungehorsam abkehrten: „Dann werdet ihr an euer Verhalten und an eure Taten zurückdenken, durch die ihr euch unrein gemacht habt, und es wird euch vor euch selbst ekeln, weil ihr solche bösen Dinge getan habt" (Hesekiel 20,43). Dieser Ekel vor sich selbst aufgrund von unbereinigter Sünde ist sicherlich auch uns nicht fremd. Solche Gefühle von Versagen und Schuld werden sich verheerend auf das Leben unserer Kinder auswirken, wenn ihnen nicht beigebracht wird, ihre Sünde zu bekennen und sich davon abzuwenden.

Früher konnte ich meinen Kindern an der Nasenspitze ansehen, wenn sie etwas Falsches getan hatten, noch bevor ich es an ihrem Verhalten merkte. Sie sagten mir immer, wie ärgerlich sie es fanden, dass sie nie lange mit etwas durchkommen konnten.

„Ich habe Gott einfach gebeten, mir alles zu zeigen, was ich wissen muss", erklärte ich ihnen. „Und der Heilige Geist sagt es mir immer, wenn ihr etwas Falsches getan habt."

Wenn ich in ihren normalerweise offenen, unbefangenen Gesichtern etwas Unehrliches sah, bat ich Gott, mir ihre verborgenen Sünden zu zeigen. Wenn sie sie mir gebeichtet, Buße getan und eine angemessene Strafe erhalten hatten, sahen ihre Gesichter wieder ganz anders aus – so, als ob ihnen eine Last abgenommen worden wäre oder als ob sich ein Schatten verzogen hätte. Sünde ist giftig. Unbereinigte Sünde lastet schwer auf uns und sie verzerrt und verdüstert unsere Ausstrahlung. Bereinigte Sünde und ein zur Umkehr bereites Herz bringen Licht, Leben, Zuversicht und Freiheit.

Weil kein Mensch perfekt ist, müssen wir Gott darum bitten, dass er uns alle verborgenen Sünden offenlegt oder ans

Licht bringt, die im Herzen unserer Kinder Wurzeln geschlagen haben, damit wir gleich etwas dagegen tun können und nicht erst später, wenn die Folgen schwerwiegender sind. Gott wird uns diese Bitte erfüllen, denn in der Bibel heißt es über ihn: „Du kennst die Geheimnisse unserer Herzen“ (Psalm 44,22). Wir alle kennen Geschichten von dem „netten, sympathischen Mann“, der seine Frau schlägt, seine Kinder missbraucht oder Amok läuft. Fast unter Garantie hatte ein solcher Mensch über lange Zeit verborgene Sünde in seinem Herzen – vielleicht sogar seit seiner Kindheit. Mit Sicherheit wird sich auch versteckte Sünde bei unseren Kindern früher oder später in unerwünschter Form zeigen. Deshalb sollten wir das Problem gleich jetzt angehen. „Trennt euch von euren Verfehlungen, die ihr begangen habt, und erneuert eure Herzen und euren Geist. Denn warum wollt ihr sterben?“ (Hesekiel 18,31). Bitten wir Gott, verborgene Sünde bei uns selbst oder unseren Kindern ans Licht zu bringen, damit sie nicht irgendwann einen körperlichen oder seelischen Preis fordert.

Sünde führt zum Tod. Abkehr von Sünde führt zum Leben. Wir beichten sie nicht, damit Gott etwas über uns herausfindet. Er weiß schon Bescheid. Sündenbekenntnis ist unsere Chance, reinen Tisch zu machen. Umkehr ist unsere Gelegenheit, neu zu beginnen. Unsere Kinder und wir selbst brauchen beides.

Gebet

Herr, bitte gib (*Name des Kindes)* ein Herz, das rasch ihre/seine Fehler zugibt. Lass sie/ihn sie wirklich bereuen, damit sie/er Vergebung und Reinigung empfangen kann. Hilf ihr/ihm zu verstehen, dass deine Gebote gut für sie/ihn sind und dass das Sündenbekenntnis und die Umkehr, die du möchtest, ihr/ihm in Fleisch und Blut übergehen müssen. Gib ihr/ihm den Wunsch, in Wahrheit vor dir zu leben, und hilf ihr/ihm, mit David zu sagen: „Wasche mich rein von meiner Schuld und reinige mich von meiner Sünde. (...) Gott, erschaffe in mir ein reines Herz und gib mir einen neuen, aufrichtigen Geist. Verstoße mich nicht aus deiner Gegenwart und nimm deinen Heiligen Geist nicht von mir. Lass mich durch deine Hilfe wieder Freude erfahren" (Psalm 51,4.12-14).

Herr, bitte bring verborgene Sünden ans Licht, damit wir sie bekennen, uns von ihnen abkehren und Vergebung empfangen können. Dein Wort sagt: „Glücklich ist der, dessen Sünde vergeben ist und dessen Schuld zugedeckt ist" (Psalm 32,1). Ich bitte dich, dass meine Tochter/mein Sohn unfähig ist, Sünde für sich zu behalten. Gib ihr/ihm bitte vielmehr die Sehnsucht, ihre/seine Sünden vollständig zu gestehen und zu sagen: „Zeige mir, wenn ich auf falschen Wegen gehe, und führe mich den Weg zum ewigen Leben" (Psalm 139,24). Lass sie/ihn nicht in Schuld und Angst vor Strafe leben, sondern vielmehr mit einem reinen Gewissen in dem vollen Verständnis, dass ihr/ihm in Jesus Christus vergeben ist. Bitte hilf ihr/ihm, immer auf dich zu schauen und dich sichtbar widerzuspiegeln.

Das bete ich im Namen von Jesus.

Kraft aus Gottes Wort

Liebe Freunde, wenn unser Gewissen rein ist, können wir mit Zuversicht und mutig vor Gott treten. Und wir werden von ihm bekommen, was immer wir erbitten, weil wir ihm gehorchen und tun, was ihm Freude macht.

1. Johannes 3,21-22

Der Gottlose soll seinen Weg verlassen und der Übeltäter von seinen Plänen absehen! Stattdessen soll er zum Herrn umkehren, damit er sich seiner erbarmt. Ja, bekehrt euch zu unserem Gott, denn bei ihm ist viel Vergebung.

Jesaja 55,7

„Deshalb werde ich jeden Einzelnen von euch nach seinem Verhalten richten, Volk der Israeliten", spricht Gott, der Herr. „Kehrt um und hört auf zu sündigen! Lasst nicht zu, dass ihr Schuld auf euch ladet!"

Hesekiel 18,30

Wer seine Sünden verheimlicht, dem wird es nicht gut gehen. Aber wenn er sie bekennt und davon lässt, wird er Barmherzigkeit finden.

Sprüche 28,13

Nun kehrt euch ab von euren Sünden und wendet euch Gott zu, damit ihr von euren Sünden gereinigt werden könnt.

Apostelgeschichte 3,19

KAPITEL 28

Schlechte Ansätze im Keim ersticken

Ist Ihnen an Ihrem Kind schon einmal etwas aufgefallen, das Sie beunruhigt hat, das Sie aber nicht genau benennen konnten? Wenn das geschieht, sollten Sie die Instinkte, die Gott Ihnen gegeben hat, nicht ignorieren. Bitten Sie Gott, Ihnen zu zeigen, was Sie da spüren. Wir sind mit dem Schöpfer des Universums verbunden, der ganz genau weiß, was vor sich geht, und wir müssen ihn um Weisheit und Erkenntnis bitten.

Ist Ihnen an Ihrem Kind schon einmal ein schuldiger Gesichtsausdruck aufgefallen, für den Sie nicht den Grund kannten? Mit anderen Worten, Sie haben vermutet, dass Ihr Kind irgendetwas angestellt hat, das eine Strafe verdient, aber Sie hatten keine belastbaren Beweise. Wenn das bei meinen Kindern vorkam, betete ich: „Herr, du weißt, wie viele Fehler wir machen, denn unsere Sünden sind dir nicht verborgen (Psalm 69,6). Bitte zeig mir, was ich an diesem Kind spüre." Jedes Mal zeigte mir Gott einen unguten Ansatz, der gerade dabei war, sich im Verhalten meines Kindes zu verankern. Beispielsweise schmuggelte eines der Kinder in einem Fall verbotene Nahrungsmittel in sein Zimmer, um sie heimlich zu verzehren. Ein anderes Mal log eines meiner Kinder, um ein gewünschtes Ergebnis zu erhalten. In jedem Fall zeigte Gott mir die Sünden, *nachdem* ich gebetet hatte.

Ich sagte immer zu meinen Kindern, dass es sich nicht lohnt, ihren Eltern ungehorsam zu sein, denn Gott würde es uns immer zeigen. Bald glaubten sie mir.

Eine bestimmte Situation ist mir noch gut im Gedächtnis. Sie ereignete sich, als Amanda etwa sieben Jahre alt war. Jeden Morgen gab ich ihr drei kleine Vitaminpillen, die sie schlucken musste. Der Arzt hatte sie ihr verschrieben, und ich sorgte dafür, dass sie immer in einer kleinen Schale neben ihrem Teller auf dem Frühstückstisch lagen. Anfangs protestierte Amanda jedes Mal, wenn sie die Tabletten nehmen musste. Nach einer Weile wurde sie fröhlicher dabei, und schließlich hörte sie ganz auf, sich zu beschweren. Ungefähr zu dieser Zeit fiel mir etwas an Amanda auf, was mich beunruhigte, aber ich konnte nicht genau sagen, was es war.

„Bitte zeig es mir, Herr. Gibt es etwas an Amanda, das ich sehen sollte?", betete ich.

In den nächsten Tagen geschah erst einmal nichts, und ich dachte mir nicht viel dabei, weil ich mit Packen für unseren Umzug beschäftigt war. An dem Tag, als der Spediteur kam, um die größeren Stücke zu verstauen, nahmen wir die Sitzkissen von den Küchenstühlen ab, die mit Bändern am Stuhl befestigt waren. Und da fand ich, unter Amandas Sitzkissen, sechsundzwanzig kleine Vitaminpillen über die ganze Sitzfläche verteilt. Ich traute meinen Augen kaum. Ich rief meinen Mann, um ihm zu zeigen, was ich gefunden hatte, und wir mussten beide schmunzeln, obwohl wir wussten, dass wir Amanda darauf ansprechen würden, wenn sie von der Schule nach Hause kam.

Wir banden die anderen fünf Sitzkissen von den Stühlen ab, und zu unserem großen Erstaunen entdeckten wir unter allen außer einem zwanzig bis dreißig Vitamintabletten. Nur der Stuhl, der am weitesten von Amandas entfernt stand, war leer. Nun konnten wir uns vor Lachen nicht mehr halten.

Als Amanda aus der Schule kam, stellten wir uns ernst und begrüßten sie mit über hundert Vitaminpillen und einem riesigen Becher Wasser. Wir sagten ihr, dass sie uns eine Erklärung liefern musste, wenn sie nicht alle Tabletten auf einmal schlucken wollte.

Dieser Vorfall wirkt lustig und unbedeutend, doch wenn Amandas Schwindel uns nicht aufgefallen wäre und wir nicht etwas dagegen getan hätten, wären vielleicht weitere, größere Betrügereien gefolgt, bis eine Gewohnheit daraus geworden wäre. Ich bin Gott dankbar, dass er uns solche Dinge zeigen kann, schon *bevor* sie zu einem ernsten Problem werden.

Es muss nicht unbedingt Sünde sein, die wir bei einem Kind bemerken. Es kann auch innerer Schmerz oder Angst vor etwas sein, das es gedacht, gesehen oder erlebt hat. Es kann Hoffnungslosigkeit, Verwirrung, Neid, Egoismus oder Hochmut sein. Planloses Raten wird uns nicht viel weiterbringen, also ist es am besten, wenn wir Gott bitten, es uns zu zeigen. Selbst wenn wir nicht sofort eine deutliche Eingebung haben, können wir trotzdem dafür beten. Jesus hat uns aufgetragen, *immer* zu beten: „Erlöse uns vom Bösen" (Matthäus 6,13). Manchmal müssen wir gar nicht konkreter beten, als Gott zu bitten, das Leben unserer Kinder mit der Kraft seines Heiligen Geistes zu durchdringen und sie vom Bösen zu erlösen. Entscheidend ist, dass wir die Warnungen nicht ignorieren.

Selbst wenn bei unserem Kind im Moment alles in Ordnung scheint, ist es dennoch eine gute „Vorbeugungsmaßnahme", das folgende Gebet zu sprechen. Nicht, dass wir unsere Kinder immer misstrauisch beäugen müssen; doch wir sollten immer damit rechnen, dass der Feind darauf lauert, im Leben unserer Kinder Fuß zu fassen. „Seid besonnen und wachsam und jederzeit auf einen Angriff durch den Teufel, euren Feind, gefasst!

Wie ein brüllender Löwe streift er umher und sucht nach einem Opfer, das er verschlingen kann" (1. Petrus 5,8). Der darauffolgende Vers sagt uns, wie wir damit umgehen sollen: „Ihm sollt ihr durch euren festen Glauben widerstehen." Wollen wir gemeinsam beten?

Gebet

Herr, danke, dass du in deinem Wort versprochen hast, uns zu retten, wenn wir zu dir rufen. Ich komme für *(Name des Kindes)* zu dir und bitte dich, dass du ihn/sie von allem Schlechten erlöst, das versucht, Fuß in seinem/ihrem Leben zu fassen. Auch wenn ich nicht weiß, wovon er/sie befreit werden muss – du weißt es. Ich bete im Namen von Jesus, dass du ihn/sie an allen Stellen befreist, an denen er/sie es nötig hat. „Wir sind zwar Menschen, doch wir kämpfen nicht mit menschlichen Mitteln. Wir setzen die mächtigen Waffen Gottes und keine weltlichen Waffen ein, um menschliche Gedankengebäude zu zerstören. Mit diesen Waffen zerschlagen wir all die hochtrabenden Argumente, die die Menschen davon abhalten, Gott zu erkennen. Mit diesen Waffen bezwingen wir ihre widerstrebenden Gedanken und lehren sie, Christus zu gehorchen" (2. Korinther 10,3-5).

Bitte schenk mir Weisheit und Erkenntnis für mein Kind. Ich weiß, dass der Feind Dinge tut, die ich nicht sehen kann; deshalb bin ich darauf angewiesen, dass du, Herr, sie mir zeigst, wenn ich sie wissen muss. Bitte sprich in mein Herz hinein. Zeig mir, wie ich beten muss, wenn ich wegen meines Kindes besorgt, unruhig oder bekümmert bin. Zeig mir alles, was ich nicht sehen kann, und lass alles Verborgene ans Licht kommen. Wenn ich an einer Stelle tätig werden soll, dann zeig es mir bitte. Danke, dass du mir hilfst, dieses Kind zu erziehen.

Herr, ich lege *(Name des Kindes)* heute in deine Hände. Leite, schütze und überführe ihn/sie, wenn die Sünde versucht, Wurzeln in seinem/ihrem Leben zu schlagen. Mach ihn/sie stark im Kampf, wenn der Satan versucht, Fuß in seinem/ihrem Herz zu fassen. Mach ihn/sie sensibel für Übergriffe des Feindes und hilf ihm/ihr, in Zeiten der Not zu dir als seiner/ihrer Festung und Zuflucht zu laufen. Lass ihn/sie immer beten: „Vergib mir diese verborgene Schuld!" (Psalm 19,13). Deinem Wort entsprechend glaube ich, dass du ihn/sie vor jedem bösen Angriff retten und ihn/sie sicher in dein himmlisches Reich bringen wirst (siehe 2. Timotheus 4,18).

Das bete ich im Namen von Jesus.

Kraft aus Gottes Wort

Ich werde dir die Schlüssel zum Himmelreich geben.
Was du auf der Erde bindest, wird auch im Himmel
gebunden sein, und was du auf der Erde öffnest,
wird auch im Himmel offen sein.

Matthäus 16,19

Denn die Zeit kommt, in der die Wahrheit ans Licht kommt
und alle Geheimnisse bekannt werden.

Matthäus 10,26

Sicher ist, dass böse Menschen bestraft werden,
die Nachkommen der Gottesfürchtigen aber werden gerettet.

Sprüche 11,21

Die Unterdrückten finden beim Herrn Zuflucht.
In schweren Zeiten beschützt er sie.

Psalm 9,10

Ruf mich, dann will ich dir antworten
und will dir gewaltige und unglaubliche Dinge zeigen,
von denen du noch nie gehört hast.

Jeremia 33,3

KAPITEL 29

Um Weisheit und Einsicht bitten

Wird mein Kind daran denken, nicht zu einem Fremden ins Auto zu steigen? Wird es verstehen, dass es gefährlich ist, an einem tiefen Gewässer zu spielen? Wird es einfach nein sagen, wenn Freunde ihm Drogen anbieten? Wird meine Tochter daran denken, nach links und rechts zu schauen, bevor sie über die Straße geht? Wird mein Sohn dem falschen Mädchen einen Heiratsantrag machen? Werden meine Kinder in der Lage sein zu spüren, wenn sie in unmittelbarer Gefahr sind? – Ein großer Teil der Sicherheit und des Wohlergehens unserer Kinder hängt von Entscheidungen ab, die sie allein treffen werden. Die möglichen Folgen dieser Entscheidungen können Eltern Angst machen.

Wir können uns nie sicher sein, dass unsere Kinder die richtige Entscheidung treffen werden, es sei denn, sie haben die Gaben der Weisheit, Erkenntnis und Einsicht sowie ein inneres Ohr, das für Gottes Stimme empfänglich ist. All diese Dinge bekommt man nur, wenn man Gott darum bittet. In der Bibel heißt es: „Wenn jemand unter euch Weisheit braucht, weil er wissen will, wie er nach Gottes Willen handeln soll, dann kann er Gott einfach darum bitten. Und Gott, der gerne hilft, wird ihm bestimmt antworten, ohne ihm Vorwürfe zu machen" (Jakobus 1,5).

Haben Sie schon einmal erlebt, dass Sie in einer Situation

ganz deutlich das souveräne Wirken von Gottes Weisheit gespürt und Sie sich selbst zum Trotz die richtige Entscheidung getroffen haben? Vielleicht sind Sie nicht links abgebogen, obwohl Ihre Ampel auf Grün stand, und tatsächlich kam trotz roter Ampel noch ein Auto von geradeaus? Sie haben das Richtige getan, aber Sie können sich die Lorbeeren dafür nicht selbst anheften. Manch einer mag dies als Zufall betrachten. Ich glaube, es ist die Weisheit und Einsicht, die von Gott kommt. Und öfter, als wir wissen, rettet sie uns das Leben.

Die gleiche Weisheit und Einsicht wünschen wir uns für unsere Kinder, besonders wenn sie älter werden und immer mehr wichtige Entscheidungen ohne uns treffen. Manche Entscheidungen, die mein Sohn nach seinem Schulabschluss treffen musste, ließen mich den Atem anhalten und beten: „Bitte gib ihm Weisheit, Herr. Zeig ihm ganz deutlich, was du von ihm willst." Gott hat diese Gebete erhört, und wir sehen jetzt, wie richtig die Entscheidungen unseres Sohnes waren – aus Gründen, die nur Gott kennen konnte.

Das alte Sprichwort „Ein weiser Sohn macht dem Vater Freude, aber ein unvernünftiger Sohn bereitet der Mutter Kummer" (Sprüche 10,1) trifft den Nagel auf den Kopf. Niemand ist stolzer als der stolze Papa, wenn sein Kind eine weise Entscheidung trifft. Doch wenn ein Kind unvernünftig handelt, macht das niemandem mehr Kummer als seiner Mutter. In den Sprüchen heißt es auch, dass wir wie einen versteckten Schatz Gottes Weisheit finden werden, wenn wir um Einsicht bitten und sie suchen (siehe Sprüche 2,3-5). Ich glaube, mehr Wissen, Weisheit und Einsicht brauchen wir nicht. Bitten wir Gott darum, und ersparen wir uns damit viel Kummer!

Gebet

Herr, ich bete, dass du *(Name des Kindes)* die Gaben der Weisheit, Einsicht und Erkenntnis schenkst. Hilf ihr/ihm, dir von ganzem Herzen zu vertrauen und sich nicht auf ihren/seinen Verstand zu verlassen, sondern dich in allem, was sie/er tut, zu suchen, damit du ihr/ihm deutlich zeigen kannst, welchen Weg sie/er einschlagen soll (siehe Sprüche 3,5-6). Hilf ihr/ihm, Gut und Böse zu unterscheiden und empfänglich für die Stimme des Heiligen Geistes zu sein, der sagt: „Das ist der richtige Weg, den geh!" (Jesaja 30,21). Ein großer Teil ihres/seines Lebensglücks wird davon abhängen, Weisheit und Einsicht zu haben, denn dein Wort sagt, sie bringen ein langes Leben, Wohlstand, Anerkennung, Schutz, Vergnügen, Zufriedenheit und Glück mit sich. Ich wünsche mir all diese Dinge für *(Name des Kindes),* doch ich möchte, dass sie als Segen von dir kommen.

Dein Wort sagt: „Die Ehrfurcht vor dem Herrn ist der Anfang der Weisheit. Gott, den Heiligen, zu erkennen führt zur Einsicht" (Sprüche 9,10). Lass sie/ihn eine gesunde Ehrfurcht vor dir haben und dich kennen, damit auf diesem Fundament ihre/seine Weisheit und Einsicht aufbauen können. Bitte hilf ihr/ihm, mit allen Entscheidungen zu dir zu kommen, damit sie/er nicht die falschen trifft. Hilf ihr/ihm zu begreifen, dass alle Schätze der Weisheit und Erkenntnis in dir verborgen sind, Herr Jesus, und dass du sie gern gibst, wenn wird dich darum bitten. Wenn *(Name des Kindes)* dich um Weisheit und Einsicht bittet, dann schenk sie ihr/ihm reichlich, damit alle ihre/seine Wege Frieden und Leben sind.

Das bete ich im Namen von Jesus.

Kraft aus Gottes Wort

Der Vater, dessen Kind in Gottes Augen gerecht ist,
hat Grund zur Freude. Welch eine Freude ist es,
ein Kind zu haben, das weise ist.
Mache deinen Eltern Freude! Fröhlich soll die Frau sein,
die dich geboren hat.
Sprüche 23,24-25

Weisheit zu erwerben ist das Wichtigste im Leben!
Und alles, was du hast, setze dafür ein, Verstand zu erwerben.
Wenn du die Weisheit ehrst, wirst du Anerkennung erlangen.
Liebe sie und sie bringt dich zu Ehren.
Sprüche 4,7-8

Das Gesetz des Herrn ist vollkommen, es erfrischt die Seele.
Die Ratschlüsse des Herrn sind zuverlässig
und schenken den Unverständigen Weisheit.
Psalm 19,8

Weisheit wird in dein Herz kommen,
und die Erkenntnis wird dich mit Freude erfüllen.
Besonnenes Handeln wird dir Schutz geben und Einsicht
wird dich behüten. So wirst du vor bösen Wegen bewahrt
und vor Menschen beschützt, die dich täuschen.
Sprüche 2,10-12

Glücklich ist der Mensch, der Weisheit findet
und Einsicht gewinnt! Denn der Nutzen der Weisheit ist größer

als der Erwerb von Silber und ihr Gewinn ist wertvoller
als Gold. Sie ist kostbarer als Edelsteine; und alles,
was du dir jemals wünschen könntest,
ist mit ihr nicht zu vergleichen.
In ihrer rechten Hand hält sie für dich langes Leben bereit
und in ihrer linken Reichtum und Ehre.
Die Wege, die sie führt, sind gut und begleitet von Frieden.
Die Weisheit ist ein Baum des Lebens für alle,
die sie ergreifen; wer an ihr festhält,
ist ein glücklicher Mensch.
Sprüche 3,13-18

KAPITEL 30

Im Glauben wachsen

Wie oft habe ich schon von Eltern von Teenagern den Satz gehört: „Mein Sohn hat zu nichts Lust"; „Meine Tochter schleicht durchs Haus, als wäre sie ständig deprimiert"; „Mein Sohn fliegt demnächst von der Schule, aber es scheint ihm egal zu sein"; „Meine Tochter wirkt so verloren, als hätte ihr Leben kein Ziel". In allen diesen Fällen fehlte diesen Kindern eine Vision für ihr Leben, weil sie nicht an Gott und sein Wort glaubten.

Kinder ohne Glauben haben es schwerer im Leben. Kinder ohne Glauben haben keine positive Motivation, keine Zielausrichtung und keine Hoffnung darauf, anders zu werden, als sie gerade sind. Kinder ohne Glauben sitzen Tag für Tag, Monat für Monat stundenlang vor dem Fernseher. Kinder ohne Glauben streifen durch die Straßen, immer auf der Suche nach neuem Ärger – und meist erfolgreich. Kinder ohne Glauben geben sich hauptsächlich mit anderen Kindern ohne Glauben ab, und das ist bei den meisten Kindern, die heutzutage in Schwierigkeiten stecken, das Hauptproblem. Sie wissen nicht, dass Jesus für sie gestorben ist (Römer 5,8) und sie Gottes Kinder sind (Johannes 1,12) – Gottes geliebte Kinder, die ein besonderes Ziel, eine besondere Berufung (1. Korinther 7,22) und eine wunderbare Zukunft vor sich haben (1. Korinther 2,9) und deshalb auf jeden Fall Gewinner sind (Römer 8,37). Sie wissen nicht, dass den

Menschen, die an Gott glauben, alles möglich ist (siehe Markus 9,23), und daher sehen sie keine Zukunftschancen für sich. Sie sehen nichts weiter als ihre eigenen Begrenzungen und das Versagen und die Schwierigkeiten der Erwachsenen in ihrem Umfeld – also geben sie auf.

Doch das Problem geht noch tiefer, denn unsere Begrenzungen zu spüren heißt nicht unbedingt, dass wir keinen Glauben haben. Erst das Gefühl, dass *Gott* Begrenzungen hat, deutet auf einen Mangel an Glauben hin. Und wenn Kinder nicht an den Einen glauben, der sicher, unveränderlich und allmächtig ist, wie können sie dann an sich selbst und eine Zukunft glauben, von der sie wissen, dass sie unsicher und nicht planbar ist?

Ich habe zwei Kinder von der Geburt bis ins Erwachsenenalter großgezogen und bin zu der Erkenntnis gelangt: Der Glaube gehört zum Wichtigsten, das unsere Kinder mitnehmen, wenn sie unseren Einflussbereich verlassen. Wenn wir wissen, dass sie einen starken Glauben an Gott und sein Wort und die Liebe Gottes in ihrem Herzen haben, können wir auch wissen, dass sie gut auf die Ewigkeit vorbereitet sind. Unsere Gebete können einen großen Teil dazu beitragen, das zu erreichen.

Die Apostel, die jeden Tag bei Jesus waren, ihn lehren hörten und sahen, was er tat, mussten ihn trotzdem bitten: „Stärke unseren Glauben" (Lukas 17,5). Sicher können wir das Gleiche für unsere Kinder bitten: „Herr, stärke ihren Glauben."

Die Israeliten, die aus erster Hand mehr Wunder erlebt hatten, als wir je erleben werden, durften wegen ihres Unglaubens nicht das versprochene Land betreten (Hebräer 3,19). Wir wollen nicht, dass ein Mangel an Glauben unsere Kinder davon abhält, alles zu erhalten, was Gott für sie versprochen hat. Wir können ihnen Gottes Wort nahebringen, durch das der Same des Glaubens in sie hineingelegt wird, und wir können dafür beten, dass ihr Glaube wächst.

Kinder, die Glauben haben, haben andere Eigenschaften als andere Kinder. Sie sind selbstbewusster, motivierter, glücklicher, sehen der Zukunft positiver entgegen und sind freigebiger. Tatsächlich ist eines der Hauptmerkmale eines tiefgläubigen Menschen seine Fähigkeit zu geben – nicht nur Geld und Besitz, sondern auch Zeit, Liebe, Ermutigung und Hilfe. Ein Mensch mit einem starken Glauben ist erfüllt von Gottes Liebe und sucht nach Gelegenheiten, diese Liebe mit anderen zu teilen.

Die Bibel sagt: „Glaube, Hoffnung und Liebe, diese drei bleiben. Aber am größten ist die Liebe“ (1. Korinther 13,13). Im Himmel brauchen wir keinen Glauben mehr, weil wir alles sehen werden. Hoffnung brauchen wir nicht mehr, denn was könnten wir noch mehr erhoffen? Nur die Liebe wird ewig bleiben, weil Gott Liebe ist und ewig. Darum spielt es keine Rolle, was wir Großartiges tun oder wie viel wir geben; wenn es nicht aus Liebe geschieht, ist es bedeutungslos. „Wenn ich alles, was ich besitze, den Armen geben und sogar meinen Körper opfern würde, damit ich geehrt würde, aber keine Liebe hätte, wäre alles wertlos“ (1. Korinther 13,3). Alles, was wir aus Liebe tun, wird ewig bleiben, und der Lohn dafür wird ewig sein.

Liebe ist die größte Tugend, sogar größer als der Glaube, doch sie beginnt mit dem Glauben. Darum müssen wir dafür beten, dass unsere Kinder, je mehr sie im Glauben wachsen, sich von Gott zum Geben gebrauchen lassen. Wenn Menschen nicht geben, liegt das oft daran, dass sie meinen, es sei dann nicht mehr genug für sie selbst übrig. Ein anderer Grund ist, dass sie nicht Gottes Liebe für andere Menschen im Herzen haben. Beten wir, dass das Prinzip des Gebens – aus Liebe, für Gott, mit Augenmaß und unter der Führung des Heiligen Geistes – sich in Herz und Kopf unserer Kinder einprägt, denn wenn sie dementsprechend leben, werden sie reich gesegnet und zufrieden sein.

Ganz gleich, in welchem Bereich wir so ernsthaft und detailliert für unsere Kinder beten – häufig merken wir dabei, wie sehr wir selbst Gebet, Erlösung und Heilung brauchen. Wie können wir richtig dafür beten, dass unsere Kinder vergeben lernen, wenn wir selbst Unversöhnlichkeit im Herzen tragen? Wie können wir richtig dafür beten, dass sie Buße lernen, wenn wir selbst unbereinigte Sünde im Leben haben? Wie können wir Gott darum bitten, unsere Kinder mit Glauben zu füllen, wenn wir selbst ständig zweifeln? Wie können wir beten, dass sie gern geben, wenn es uns selbst schwerfällt? Ja, Gott zeigt mir, dass ich selbst schuldig bin; doch ich lasse mich dadurch nicht vom Beten abhalten. Ich gehe mit demütigem Herzen zu Gott, bekenne ihm, was ich an mir selbst sehe, und bitte ihn um Hilfe.

Wenn wir zum Beispiel das Gefühl haben, wir hätten nicht genug Glauben, sollten wir es Gott sagen und in dem Gebet am Ende des Kapitels *unseren* Namen einsetzen, bevor wir es für unser Kind beten. Die Bibel sagt: „Was nicht im Glauben geschieht, ist Sünde" (Römer 14,23). Wenn wir zweifeln, geschieht das nicht aus Gehorsam Gott gegenüber. Wenn wir Glauben haben, sind wir gehorsam. Zweifel entsteht, wenn wir glauben, Gott sei nicht allmächtig. Lassen wir nicht unseren eigenen Mangel an Glauben wie eine Mauer zwischen uns und Gott kommen. Er soll uns vielmehr als Einladung dienen, im Gebet zu Gott zu gehen und ihn zu bitten, sowohl unseren eigenen Glauben als auch den unserer Kinder stark zu machen.

Vergessen wir dabei nicht, dass der Einfluss, den wir als betende Eltern haben, von Gott kommt. Durchs Beten bekommen wir die Kraft, Gottes Willen zu tun. Sie steht uns immer zur Verfügung, ist nie begrenzt, und die einzige Einschränkung ist ein Mangel an Glauben, dass Gott antworten wird. Doch selbst dann sorgt Gottes Gnade dafür, dass der Glaube, den wir haben, so wie ein kleines Senfkorn genug ist, um zu etwas Großem heranzuwachsen – selbst wenn wir meinen, wir hätten nicht besonders viel Glauben. Stehen wir zusammen mit anderen betenden Eltern und sagen wir: „Herr, lass den Samen unseren Glaubens, den wir im Gebet aussäen, Leben hervorbringen und unsere Kinder zu Menschen heranwachsen, die deinen Willen tun."

Gebet

Herr, in deinem Wort heißt es, dass du jedem ein „Maß des Glaubens zugeteilt" hast (siehe Römer 12,3, ELB). Bitte nimm den Glauben, den du in *(Name des Kindes)* hineingelegt hast, und lass ihn zunehmen. Lass die Wahrheit deines Wortes fest in seinem/ihrem Herzen verwurzelt sein, damit dieser Glaube täglich wächst und sein/ihr Leben steuert. Hilf ihm/ihr, dir immer zu vertrauen, bei dir Wahrheit und Wegweisung zu suchen und sich von dir in dein Bild verwandeln zu lassen. Ich weiß, dass dir zu vertrauen eine bewusste Entscheidung ist. Bitte mach ihn/sie fähig, diese Entscheidung zu treffen. Bitte lass ihn/sie alles von dir erwarten in dem Wissen, dass er/sie nie ohne Hoffnung ist. Ich bete, dass sein/ihr Glaube stark genug ist, ihn/sie über seine/ihre Umstände und Begrenzungen hinauszuheben und in ihm/ihr die Zuversicht zu verankern, dass alle Dinge zu seinem/ihrem Besten zusammenwirken werden (siehe Römer 8,28).

Bitte lass ihn/sie so stark im Glauben sein, dass seine/ihre Beziehung zu dir alles andere in seinem/ihrem Leben übertrifft – selbst meinen Einfluss als Elternteil. Mit anderen Worten, lass ihn/sie eine Beziehung zu dir haben, die wirklich seine/ihre eigene ist – nicht eine Erweiterung von meiner oder der eines anderen Menschen. Ich wünsche mir, wissen zu dürfen, dass sein/ihr Glaube auch dann noch so stark ist, dass er/sie „fest und unerschütterlich" bleiben und sich „mit aller Kraft für das Werk des Herrn einsetzen" kann (1. Korinther 15,58), wenn ich nicht mehr auf dieser Erde lebe.

Gib *(Name des Kindes)* in seinem/ihrem Glaubensleben dein Herz, das so voller Liebe ist, dass es zu anderen überfließt – ein

Herz, das bereit ist, sich selbst und materiellen Besitz weiterzugeben, so wie du es jeweils willst. Ich bete, dass er/sie „den Glauben als einen Schutzschild“ einsetzt, „um die feurigen Pfeile des Satans abzuwehren“ (Epheser 6,16), und dadurch in der Lage ist, fest im Glauben zu stehen und zu sagen: „Wie dankbar bin ich Christus Jesus, unserem Herrn, der mich stark gemacht und als vertrauenswürdig erachtet hat“ (1. Timotheus 1,12).

Amen.

Kraft aus Gottes Wort

Ihr seht also, dass es unmöglich ist, ohne Glauben
Gott zu gefallen. Wer zu ihm kommen möchte,
muss glauben, dass Gott existiert und dass er die,
die ihn aufrichtig suchen, belohnt.
Hebräer 11,6

Hört auf meine Worte! Ihr könnt beten, worum ihr wollt –
wenn ihr glaubt, werdet ihr es erhalten.
Markus 11,24

Wenn euer Glaube auch nur so groß wäre wie ein Senfkorn,
könntet ihr zu diesem Berg sagen:
„Rücke dich von hier nach da",
und er würde sich bewegen. Nichts wäre euch unmöglich.
Matthäus 17,20

Aber wer ihn fragt, soll auch wirklich mit seiner Antwort
rechnen! Denn einer, der zweifelt, ist so aufgewühlt
wie eine Meereswoge, die vom Wind getrieben
und hin und her geworfen wird.
Ein solcher Mensch darf nicht erwarten,
etwas von Gott zu erhalten,
denn er ist unbeständig
und schwankt ständig hin und her.
Jakobus 1,6-8

Deshalb werdet nicht müde zu tun, was gut ist.
Lasst euch nicht entmutigen und gebt nie auf,
denn zur gegebenen Zeit werden wir auch den
entsprechenden Segen ernten.
Lasst uns jede Gelegenheit nutzen, allen Menschen
Gutes zu tun, besonders aber unseren
Brüdern und Schwestern im Glauben.

Galater 6,9-10

KAPITEL 31

Die Teenagerjahre überstehen

Dieses Kapitel habe ich ganz neu für diese Ausgabe von *Mein Gebet macht mein Kind stark* geschrieben, weil sich seit der Zeit, als ich das Buch ursprünglich schrieb, unsere Kultur und Zeit dramatisch verändert haben – besonders für unsere Kinder. Sie sind sehr viel größeren Herausforderungen ausgesetzt, als wir Eltern es waren, und in sehr viel jüngerem Alter. Was wir vielleicht in unseren späten Teenagerjahren und mit Anfang zwanzig erlebten, machen die Kinder heute mit neun oder zehn durch; manchmal sind sie sogar noch jünger. Weil für jeden Menschen die Teenagerjahre besonders intensiv und prägend für das ganze Leben sind, wird seine zukünftige Persönlichkeit oft davon beeinflusst, was er in dieser Phase lernt und was währenddessen geschieht. Als Eltern müssen wir für die Teenagerjahre unserer Kinder beten, *bevor* sie beginnen. Wir müssen sie im Gebet ausrüsten, *bevor* sie durch die Tür der weiterführenden Schule treten, denn es wird eine Flut von antichristlichem Gedankengut auf sie einstürzen.

Unsere Kinder haben einen Feind – einen geistlichen Feind –, so wie wir. Wir dürfen diese Tatsache nicht ignorieren, und wir dürfen es unseren Kindern auch nicht erlauben. Wir sollten unseren Kindern bewusst machen, was in der Welt vor sich geht – vielleicht nicht in allen plastischen Einzelheiten, doch wenigstens in Umrissen. Das Böse in der Welt wird unsere Teenager mit weltlichen Verlockungen und widergöttlichen Einflüssen ins Visier nehmen und sie dazu verführen, Lügen über sich selbst zu glauben. Allein und ohne unsere Ermutigung, Weisheit, Führung, Liebe und Gebetsunterstützung können sie all dem nicht widerstehen.

Die Hoffnungslosigkeit, unter der traurige oder depressive Teenager ohne Ziel und Zukunftsaussichten leiden, ist ansteckend. Das Gleiche gilt für rebellische Teenager, die statt Gott sich selbst in den Mittelpunkt ihres Universums setzen. Manchmal ist nicht mehr notwendig als ein einzelner schlechter Einfluss, um etwas Schlechtes in die Seele eines Kindes einzupflanzen, das dann unbemerkt wachsen kann, bis man sich eines Tages fragt, was aus dem wunderbaren Kind geworden ist, das man großgezogen hat. Die gute Nachricht allerdings ist, dass man sich als Eltern mit der Waffe des Gebets für das Kind gegen die Einflüsse des Bösen wehren kann.

Eine wichtige Frage ist, ob wir und unsere Kinder in der Gemeinde, zu der wir als Familie gehören, glücklich sind und bekommen, was wir geistlich brauchen. Es ist unglaublich wichtig, dass die Kinder sich in der Jugendgruppe der Gemeinde wohlfühlen. Die Entscheidung, in welche Gemeinde die ganze Familie geht, sollte davon abhängen, wo die Kinder gern hingehen und sich gut entwickeln. Und das hängt davon ab, ob sie sich dort angenommen, wertgeschätzt und gewürdigt fühlen, und ob sie durch das Wort Gottes gestärkt und geleitet werden. Wenn sie in einer Gemeinde nicht Gottes Liebe erfahren, sollte die ganze Familie nach einer Gemeinde suchen, wo dies der Fall ist – je schneller, desto besser.

Bei der Auswahl der Gemeinde sollten wir darauf achten, dass unsere Kinder sie mögen. Das Programm für die Kinder, und besonders die Kinder im Jungschar- und Teenageralter, sollte gut aufgestellt sein und von Personen geleitet werden, die nach Gottes Willen leben und sich dafür einsetzen, jungen Menschen zu helfen, Gott kennenzulernen, seinem Wort zu glauben und zu verstehen, dass er einen guten Plan für ihr Leben hat. Ohne das Gefühl, dass Gott ihrem Leben Sinn gibt, kann es sein, dass sie ziellos durchs Leben driften, depressiv werden, für schlechte Einflüsse anfällig sind und sich von Gott entfernen. Wissen Sie, wie viele Kinder in Sekten oder kriminellen Banden landen, weil dies der einzige Ort ist, an dem sie Liebe und Annahme finden? Die Antwort ist: *viel zu viele!*

Je besser unsere Kinder in einer Gemeinde integriert sind, *bevor* sie in die Pubertät kommen, umso besser wird es ihnen ergehen. Wenn sie schon als Kinder und Teenager nicht in die Kirche gehen wollen, ist das kein gutes Vorzeichen für die Zeit, wenn sie als Erwachsene – nach dem Schulabschluss, im Studium oder im Beruf – nicht mehr unter unserem Einfluss stehen. Es kann sein, dass sie sich ganz aus der Kirche zurückziehen und jahrelang nicht wiederkommen ... wenn überhaupt. Auch das geschieht heute viel zu oft.

Wo unsere Kinder zur Schule gehen, ist ebenfalls wichtig. Einer guten Freundin von mir fiel auf, dass ihre Tochter – die gerade erst ins Teenageralter gekommen war – plötzlich schlechte Noten bekam, nicht mehr zur Schule gehen wollte und ständig deprimiert, traurig und ängstlich wirkte. Außerdem war sie oft so krank, dass sie nicht zur Schule gehen konnte. Ihre Mutter wurde häufig ins Schulsekretariat bestellt, weil die Tochter Schwierigkeiten machte. Nichts davon war in den Jahren zuvor passiert. Also beteten die Mutter und ich zusammen für ihre Tochter. Dabei hatte ich den Eindruck, der Heilige Geist wollte mir klarmachen, dass die Tochter meiner Freundin in der Schule gemobbt wurde. Ich sagte zu der Mutter: „Du musst deine Tochter von dieser Schule nehmen. Bete darum, dass Gott dir eine Schule in einem anderen Bezirk zeigt, wo sie hingehen soll."

Wie gut, dass die Mutter genau das tat, so schnell sie konnte. Nach dem Schulwechsel gestand ihre Tochter ihr, dass sie tatsächlich in der alten Schule von einigen groben Mädchen jeden Tag gemobbt worden war. Sie hatte Angst und verlor jede Hoffnung, weil sie es weder ihrer Mutter noch jemandem in der Schulleitung sagen konnte – andernfalls hätten die Mädchen wahrscheinlich Ärger bekommen und sich umgehend und mit gefährlichen Mitteln gerächt.

Als die Tochter an der neuen Schule anfing, veränderte sich sofort die ganze Situation. Sie bekam wieder gute Noten und war nicht mehr deprimiert und ängstlich. Ihre körperliche Gesundheit besserte sich ebenfalls. Sie freute sich wieder auf die Schule und fing sogar an, Pläne für die Zukunft nach ihrem Schulabschluss zu schmieden. Heute arbeitet sie in ihrer Ausbildung gezielt auf den Beruf hin, den sie später einmal ausüben will. Sie ist ein ganz anderer Mensch als an ihrer alten Schule. Und das Beste ist, dass sie und ihre Mutter in dem neuen Schulbezirk eine gute Gemeinde gefunden haben, in die sie gerne gehen.

Das war ein Opfer für die Mutter, weil sie nun einen langen Arbeitsweg hat. Doch es war die absolut richtige Entscheidung, und beide sind glücklich, dass sie der Führung des Heiligen Geistes gefolgt sind.

Man kann gar nicht früh genug anfangen, für die Teenagerjahre seiner Kinder zu beten, denn wenn diese Phase kommt, kann man das Gefühl haben, dass der Feind versucht, die Kinder in seinen Strudel des Bösen zu ziehen und sie darin gefangen zu halten. Wehren wir uns dagegen! Selbst wenn unsere

Kinder bereits Teenager sind, ist es nicht zu spät, mit dem Beten anzufangen. Wir haben Gott und sein Wort auf unserer Seite. Wenn wir unser Leben Jesus anvertraut haben, haben wir die Kraft des Heiligen Geistes, der uns Weisheit, Erkenntnis, Kraft, Liebe und Stärke schenkt, die wir selbst nie aufbringen könnten. Damit haben wir alles, was wir in diesem Kampf brauchen. Bitten wir Gott, unsere Kinder in seinem Einflussbereich zu halten. Stellen wir uns auf die Versprechen, die Gott uns und unseren Kindern in seinem Wort gegeben hat, zum Beispiel: „Ich werde meinen Geist auf deine Nachkommen und meinen Segen über deinen Kindern ausgießen" (Jesaja 44,3). Keine Macht der Hölle kann dem Heiligen Geist widerstehen, der als Antwort auf unsere Gebete auf das Leben unserer Kinder ausgegossen ist.

Gebet

Herr, bitte gib *(Name des Kindes)* ein Herz, das dir folgt. Wirke in ihr/ihm, sodass es sie/ihn stets in deine Nähe zieht. Bring den Feind zum Schweigen, der versucht, sie/ihn in weltliche Gedanken, Einstellungen und Handlungen hineinzuziehen, die deinem Willen und Wesen entgegenstehen. Hilf ihr/ihm, deine Stimme in ihrer/seiner Seele zu hören. Halte sie/ihn fern von der Verwirrung der Welt, damit sie/er richtige Entscheidungen treffen kann, die dir Freude machen. Bitte verhindere, dass der Feind zu ihrem/seinem Herzen vordringt. Gib ihr/ihm Kraft, dem Gruppenzwang zu widerstehen, der sie/ihn in Dinge hineinzuziehen versucht, die dir keine Ehre machen. Hilf mir und anderen Familienmitgliedern, sie/ihn so zu lieben, dass deine Liebe zu ihr/ihm darin sichtbar wird. Lass in ihr/ihm ein Gespür für deine Gegenwart und Liebe wachsen, damit sie/er sich nie davon entfernen will.

Bitte zeig mir, ob sie/er in der richtigen Schule und Gemeinde ist. Zeig mir, wo sie/er aufblühen kann und immer gern sein wird. Zeig mir auch, ob irgendeine Veränderung angesagt ist. Ich bitte dich, dass kein Plan des Feindes, sie/ihn von dir wegzuziehen, Erfolg hat. Wenn der Feind bereits in ihren/seinen Gedanken durch Fernsehen, Internet, Musik oder andere Menschen an Boden gewonnen hat, dann bitte ich dich, dass du diese Verführungen und die Anziehungskraft zu Dingen, die dir nicht entsprechen, durchbrichst. Bitte beschütze sie/ihn vor Mobbing und anderer Gewalt. Gib ihr/ihm bei solchen Gefahren Zuflucht unter dem Schatten deiner Flügel. Leg jeden schlechten Einfluss offen. *(Name des Kindes)* soll nur *deinen* Plänen und Zielen gehören.

Das bete ich im Namen von Jesus.

Kraft aus Gottes Wort

Denn ich werde Wasser auf Durstige ausschütten und das trockene Land mit Bächen bewässern. Ich werde meinen Geist auf deine Nachkommen und meinen Segen über deinen Kindern ausgießen. Sie werden wachsen wie Gras am Ufer, wie Weiden am Fluss.

Jesaja 44,3-4

Ich selbst werde die bekämpfen, die gegen dich streiten und ich werde deine Kinder retten.

Jesaja 49,25

Deshalb verlasst sie und trennt euch von ihnen, spricht der Herr. Rührt ihre unreinen Dinge nicht an, und ich werde euch mit offenen Armen aufnehmen. Ich werde euer Vater sein und ihr werdet meine Söhne und Töchter sein, spricht der Herr, der Allmächtige.

2. Korinther 6,17-18

Achtet sorgfältig darauf, wie ihr lebt; handelt nicht unklug, sondern bemüht euch, weise zu sein. Nutzt jede Gelegenheit, in diesen üblen Zeiten Gutes zu tun.

Epheser 5,15-16

Wer sich für standhaft hält, soll aufpassen, dass er nicht auf die gleiche Weise sündige.

1. Korinther 10,12

KAPITEL 32

Für erwachsene Kinder beten

Es spielt keine Rolle, wie alt unsere Kinder werden – sie werden immer unsere Kinder bleiben. Sie sind nie zu alt für unsere Liebe und Bestätigung, unsere Bewunderung, unseren Respekt und unsere emotionale und geistliche Unterstützung. Und wir werden uns immer wünschen, dass Gott ihnen sein Bestes in ihr Leben hineingibt. Wir werden uns immer wünschen, dass sie geschützt und versorgt sind, in ihrem Leben mit Gott wachsen, Gottes Ziele für ihr Leben erfüllen und die Menschen werden, als die Gott sie erschaffen hat. Von dem Moment an, in dem unsere Kinder in unser Leben kommen, wird ein Teil unseres Herzens immer bei ihnen sein, ganz gleich, wohin sie gehen oder was sie tun.

In den Jahren, seit ich die erste Ausgabe dieses Buches geschrieben habe, sind meine Kinder von daheim ausgezogen, haben studiert, sind heimgekommen und wieder ausgezogen, sobald sie finanziell auf eigenen Beinen stehen konnten. Ich habe sie aufwachsen und Verantwortung in ihrem beruflichen und persönlichen Leben übernehmen sehen. Sie mussten einige schwere Lektionen lernen, sind aus ihren Fehlern klüger geworden und haben begriffen, was funktioniert und was nicht. Sie sind in der Kirche geblieben und in Gottes Wort gewachsen. Sie verstehen die Bedeutung des Gebets und sind selbst starke Beter geworden. Sie haben gelernt, gute Entscheidungen zu treffen – und keine davon war so beeindruckend wie die Wahl ihrer jeweiligen Ehepartner. Eine größere Gebetserhörung haben wir nie erlebt, und wir danken Gott jeden Tag dafür.

In den letzten fünfunddreißig Jahren haben mein Mann und ich in unserem Haus unzählige Gebetsgruppen beherbergt, in denen wir besonders für die Kinder der anwesenden Eltern gebetet haben, und wir haben nicht eines dieser Kinder verloren. Damit will ich nicht sagen, dass keines dieser Kinder jemals Probleme hatte. Das wäre weder biblisch noch gesund. Wie kann ein Kind verstehen, dass es Gott braucht, wenn es nie Schwierigkeiten oder Enttäuschungen erlebt? Dann wäre es in Gefahr, verwöhnt, überbehütet, oberflächlich, verantwortungslos oder unverbindlich zu werden. Wir möchten, dass unsere Kinder Verantwortung, Mitgefühl und Verständnis lernen. Sie sollen die Fähigkeiten entwickeln, die notwendig sind, um mit allem umzugehen, was das Leben ihnen bringt. Wie sollen sie Gott als ihren Helfer, Beschützer, Versorger oder Retter kennenlernen, wenn sie nie seine Hilfe, seinen Schutz, seine Versorgung oder seine Rettung brauchen? Alle „unsere" Kinder haben Probleme erlebt, doch sie wurden dadurch stärker, klüger und mitfühlender für die Schwierigkeiten anderer Menschen. Gebet wirkt!

Wie beten, wenn die Kinder flügge werden?

Unsere Kinder gehen allein in die Welt hinaus, doch wir hören nicht auf zu beten. Möglicherweise beten wir sogar mehr, weil wir nicht mehr wie früher täglich für sie verantwortlich sind. Gebet ist vielleicht unser einziges Einflussmittel, doch wir sollten seine Bedeutung nie unterschätzen. Weil unsere Kinder immer unsere Kinder bleiben, werden unsere Gebete sich immer auf ihr Leben auswirken. Wir können ihnen nicht mehr vorschreiben, was sie tun sollen, doch wir können immer noch gegen das anbeten, was der Feind ihnen antun will. Wir können Gott auch alles sagen, was uns für unsere Kinder auf dem Herzen liegt und was wir uns von ihm für ihr Leben wünschen. Im Gebet sind wir durch ein starkes Band mit unseren erwachsenen Kindern verbunden, und sie werden die Auswirkungen unserer Gebete erleben. Wir haben also großen Einfluss!

Wenn Sie ein Kind haben, das schon erwachsen und von daheim ausgezogen ist, um zu studieren oder seinen Weg in der Welt zu finden, können Sie neben den in den einzelnen Kapiteln vorgeschlagenen Gebeten auch jeweils die folgenden Gebete anfügen. Vielleicht kann Ihnen auch eines meiner anderen Bücher weiterhelfen, wenn Sie Ihr Gebetsleben in dieser Hinsicht vertiefen wollen. Ich bete so für meine erwachsenen Kinder, und ich finde Frieden in dem Wissen, dass Gott meine Gebete erhört. Alle Eltern von erwachsenen Kindern brauchen diesen Frieden.

Anregungen zum Gebet für erwachsene Kinder

Kapitel 1: Betende Eltern werden

Herr, bitte zeig mir, wie ich auch jetzt, da ich nicht mehr oft mit meiner Tochter/meinem Sohn zusammen bin, konkret für sie/ihn beten kann. Bitte gib mir die richtigen Gedanken dazu. Zeig mir Dinge, die ich sehen muss, und zeig mir, wie ich beten soll. Hilf mir, meine Liebe zu ihr/ihm und meinen Willen, regelmäßig für sie/ihn zu beten, auf ermutigende Art und Weise zum Ausdruck zu bringen. Bitte gib ihr/ihm den Wunsch, mir ihre/seine Gebetsanliegen mitzuteilen, und das vertrauensvolle Wissen, dass ich diese Informationen respektvoll und vertraulich behandele.

Kapitel 2: Mein Kind in Gottes Händen

Herr, je mehr mein Kind ein eigenes, selbstständiges Leben führt, umso mehr habe ich keine andere Möglichkeit, als es ganz in deine Hände zu legen. Sicherheit finde ich nur in dem Wissen, dass du sein/ihr Leben weiterhin im Griff hast. Ich habe alles mir Mögliche getan, um ihn/sie großzuziehen; deshalb lege ich *(Name des erwachsenen Kindes)* jetzt in deine Hände und überlasse dir die Verantwortung für sein/ihr Leben. Selbst wenn ich ihn/sie nicht mehr jeden Tag sehe – du tust es. Ich vertraue darauf, dass du ihn/sie auf dem Weg hältst, den du für ihn/sie vorgesehen hast.

Kapitel 3: Gebet um Bewahrung

Herr, ich weiß zwar nicht immer, wo mein Kind ist, aber du weißt es. Danke, dass du *(Name des erwachsenen Kindes)* immer im Blick hast und sie/ihn vor Schaden schützt. Danke, dass nichts, was ihr/ihm schaden will, Erfolg haben wird. Bitte stell deine Engel um sie/ihn, wenn sie/er mit dem Auto, mit dem Flugzeug oder zu Fuß unterwegs ist. Führe sie/ihn weg von Gefahren und den bösen Plänen widergöttlicher Einflüsse.

Kapitel 4: Liebe und Annahme

Herr, ich weiß, dass du denen Gunst schenkst, die dich lieben. Bitte hilf *(Name des erwachsenen Kindes)* zu lernen, dich jeden Tag mehr zu lieben, und lass sie/ihn deine Gunst genießen. Lass ihn/sie überall und bei allen Menschen Liebe, Annahme und Wohlwollen finden: bei Verwandten, Freunden und Kollegen ebenso wie bei Bekannten und Fremden. Lass ihn/sie anderen Liebe und Annahme entgegenbringen, wie es dir gefällt.

Kapitel 5: Ein Fundament für die Ewigkeit

Herr, ich bete auch weiterhin für die Beziehung, die *(Name des erwachsenen Kindes)* zu dir hat. Lass sie immer stark und unerschütterlich sein, solide und kompromisslos. Bitte hilf, dass nichts in der Welt sie/ihn dafür blind macht, wer du bist und was du in ihrem/seinem Leben tust. Gib, dass sie/er sich nie von dir abwendet oder an ihrer/seiner Errettung in dir, Jesus, zweifelt. Lass ihre/seine ewige Zukunft bei dir immer sicher sein.

Kapitel 6: Die Eltern ehren und nicht rebellieren

Herr, ich bete, dass *(Name des erwachsenen Kindes)* nicht das Gute von sich weist, das er/sie gelernt hat, indem er/sie etwas tut, das dir oder uns Eltern Unehre macht. Bitte gib ihm/ihr Kraft und Weisheit, der Versuchung, zu rebellieren, nicht zu erliegen. Lass ihn/sie gehorsam die Dinge tun, von denen er/sie weiß, dass sie in deinen Augen richtig sind. Gib ihm/ihr die nötige innere Einstellung, um sich allen Autoritäten in seinem/ihrem Leben bereitwillig unterzuordnen, und hilf ihm/ihr, immer die Gesetze unseres Landes zu halten.

Kapitel 7: Gute Beziehungen in der Familie

Herr, ich bete, dass *(Name des erwachsenen Kindes)* ihrer/seiner Familie nahe bleibt, auch wenn sie/er weit von ihr entfernt lebt. Bitte hilf, dass sie/er sich zur Pflege der familiären Beziehungen Zeit nimmt. Ich bete auch, dass sie/er bei gegenwärtigen oder zukünftigen Schwiegereltern Gunst findet und dass ihre Beziehung liebevoll und positiv ist. Wenn es in der Familie zerbrochene Beziehungen gibt, dann lass sie/ihn den ersten Schritt hin zur Versöhnung machen.

Kapitel 8: Gute Freunde und Vorbilder

Herr, ich bete für *(Name des erwachsenen Kindes),* dass er/sie den wahren Charakter von Menschen sehen kann. Gib ihm/ihr Weisheit, Menschen zu erkennen, die einen schlechten Einfluss ausüben, damit er/sie nicht allzu enge Beziehungen zu diesen Menschen knüpft. Hilf ihm/ihr, sich nicht von Menschen verführen zu lassen, die gut reden können, aber eigennützige Motive haben. Leg in ihn/sie den Wunsch hinein, möglichst oft Zeit mit Glaubensgeschwistern zu verbringen. Schick Menschen in sein/ihr Leben, die ihn/sie unter ihre Fittiche nehmen, damit er/sie immer auf dem richtigen Weg bleibt.

Kapitel 9: Sehnsucht nach Gott und seinem Willen

Herr, bitte lass *(Name des erwachsenen Kindes)* nicht von deinem Weg abkommen. Gib ihr/ihm die Sehnsucht nach einer tieferen, engeren Beziehung zu dir, auch wenn ihr/sein Leben mit zunehmenden Verantwortlichkeiten immer geschäftiger wird. Bitte verhindere, dass sie/er in ihrem/seinem Wunsch nachlässt, dir zu dienen und nach deinem Willen zu leben. Lass sie/ihn immer Sehnsucht nach deiner Gegenwart haben und den Wunsch, dich besser kennenzulernen.

Kapitel 10: Mensch nach Gottes Idee

Herr, ich bringe *(Name des erwachsenen Kindes)* zu dir und bitte dich, ihm/ihr ein neues Verständnis dafür zu schenken, als was für einen Menschen du ihn/sie erschaffen hast. Lass ihn/sie nicht in Versuchung geraten, auf der Suche nach beruflichen Chancen und im Umgang mit neuen Freunden das Leben aufs Spiel zu setzen, das du für ihn/sie bereithältst. Hilf ihm/ihr, sich in neuen Situationen nicht einschüchtern zu lassen oder gar beiseitezuschieben, was er/sie als wahr erkannt hat, um andere zu beeindrucken. Bitte führe ihn/sie in Arbeit und Freizeit zu Dingen, die dazu beitragen, dass er/sie das Ziel erfüllt, das du für ihn/sie hast.

Kapitel 11: Der Wahrheit folgen, Lügen widerstehen

Herr, ich bete, dass *(Name des erwachsenen Kindes)* keine Lügen glaubt. Gib ihr/ihm deinen Geist der Wahrheit als Messlatte, damit alles Falsche für sie /ihn unübersehbar zu erkennen ist. Ich bitte dich auch, dass sie/er nicht in die Versuchung gerät, zu ihrem/seinem persönlichen Nutzen zu lügen. Lass sie/ihn nicht einen Augenblick lang denken, dass sie/er damit durchkommen kann, nur weil es anderen Menschen anscheinend gelingt. Lass deinen Geist der Wahrheit in ihr/ihm eine allgegenwärtige Erinnerung daran sein, was wahr und richtig ist.

Kapitel 12: Gesundheit und Heilung erbitten

Herr, bitte hilf *(Name des erwachsenen Kindes),* nie zu vergessen, dass du sein/ihr Arzt bist. Lass ihn/sie Krankheiten nicht einfach hinnehmen, sondern dich ebenso um Heilung bitten wie angemessene medizinische Hilfe suchen. Hilf ihm/ihr, an Heilungswunder für sich selbst zu glauben. Lass ihn/sie für andere Kranke beten und im Glauben mit ihnen zusammen auf deine Antworten warten.

Kapitel 13: Motiviert zu einem gesunden Lebensstil

Herr, bitte gib *(Name des erwachsenen Kindes)* den Wunsch, gut für ihren/seinen Körper zu sorgen. Erinnere sie/ihn daran, dass sie/er immer noch der Tempel deines Heiligen Geistes ist, auch wenn sie/er allein lebt. Mach ihr/ihm klar, dass sie/er deshalb gut für sich sorgen sollte, und warne sie/ihn, wenn sie/er in der Versuchung steht, achtlos ihre/seine Gesundheit und Sicherheit zu riskieren. Lehre sie/ihn, was sie/er dazu in Bezug auf ihren/seinen Körper wissen muss.

Kapitel 14: Die Lust am Lernen fördern

Herr, ich bitte dich, dass *(Name des erwachsenen Kindes)* immer den starken Wunsch hat, dazuzulernen und sich mehr Wissen anzueignen, ganz gleich, wie alt er/sie ist. Ich weiß, dass er/sie immer an seinen/ihren Fähigkeiten arbeiten muss, um in dieser konkurrenzgeprägten Welt mithalten zu können. Bitte hilf ihm/ihr in jeder Lebensphase, seine/ihre Fähigkeiten zu entwickeln und sein/ihr Wissen zu erweitern. Lass ihn/sie vor allem immer mehr über dich und deinen Willen lernen.

Kapitel 15: Gaben und Talente entdecken

Herr, ich bete, dass *(Name des erwachsenen Kindes)* immer mehr die Gaben und Talente entdeckt, die du in sie/ihn hineingelegt hast. Arbeite an ihnen, damit sie/er sie besser im Dienst für dich auf dieser Erde einsetzen kann. Bitte hilf ihr/ihm, alle ihre/seine Gaben und Fähigkeiten nutzen zu können und sich durch nichts davon abhalten zu lassen, sie in deinem Sinn und Schöpfungswillen zu nutzen.

Kapitel 16: Gutes reden

Herr, ich weiß, dass *(Name des erwachsenen Kindes)* jeden Tag in der Welt Worte hören wird, die nicht aufbauen und dir keine Ehre machen. Gib ihm/ihr ein feines Gespür für alles, was nicht in deine Gegenwart gehört, damit er/sie es erkennt, beurteilen kann und sich davon abgestoßen fühlt. Gib ihm/ihr Kraft, sich wenn möglich von Menschen zu distanzieren, die eine unflätige oder respektlose Ausdrucksweise an sich haben. Leg ihm/ihr den Wunsch ins Herz, Worte zu sprechen, die Leben bringen.

Kapitel 17: Heiligkeit und Unschuld

Herr, ich bete, dass *(Name des erwachsenen Kindes)* immer ein reines Herz behält. Bitte hilf ihr/ihm, sich von allem zu reinigen, das sie/ihn davon abhält, ein Gefäß zu deiner Ehre und nützlich für deine Ziele zu sein. Nimm alles aus ihrem/seinem Leben weg, das sie/ihn davon abhält, gute Frucht zu bringen. Lass sie/ihn darauf hinarbeiten, nicht nur in ihren/seinen eigenen Augen oder in den Augen anderer Menschen rein zu sein, sondern vor allem in deinen Augen.

Kapitel 18: Was ist im Zimmer unserer Kinder?

(In dem Gebet am Ende von Kapitel 18 können Sie statt „dieses Zimmer“ einfach „die Wohnung“ oder „das Haus“ einsetzen, wenn Sie es für Ihr erwachsenes Kind beten, und dann dieses Gebet anschließen.)

Herr, ich bete, dass die Wohnung von *(Name des erwachsenen Kindes)* ein Ort ist, an dem deine Gegenwart wohnt. Mach ihm/ihr bewusst, wenn es dort etwas gibt, das dir keine Ehre macht. Lass ihn/sie nichts in seine/ihre Wohnung bringen, was du verabscheust. Ich bete, dass nie etwas in diese Wohnung hineinkommt, das dir nicht gefällt. Bitte schütze seine/ihre Wohnung auch vor Eindringlingen oder Katastrophen.

Kapitel 19: Frei von Angst leben

Herr, ich bete, dass *(Name des erwachsenen Kindes)* nie vergisst, dass du immer bei ihr/ihm bist, wohin sie/er sie auch geht, und dass du sie/ihn weiterhin bewahrst und stärkst. Erinnere sie/ihn daran, dass du ihr/sein Beschützer bist, ganz gleich, was an Beängstigendem um sie/ihn herum vor sich geht. Lass sie/ihn immer mehr in deiner Liebe wachsen, damit sie/er nicht in Angst leben muss. Hilf ihr/ihm zu wissen, dass sie/er immer bei dir Zuflucht nehmen kann.

Kapitel 20: Ein gesunder Geist

Herr, bitte beschütze *(Name des erwachsenen Kindes)* vor dem verwirrten Denken, das in der Welt herrscht, je mehr er/sie mit ihr zu tun hat. Gib ihm/ihr klare Gedanken und Immunität vor den Stimmen der Verwirrung, die ihn/sie auf ihre Seite ziehen wollen. Lass seine/ihre Gedanken immer mehr von deinem Geist bestimmt sein. Verhindere, dass er/sie dieser Welt ähnlich wird, verändere ihn/sie vielmehr durch die Erneuerung seines/ihres Denkens (Römer 12,2). Hilf ihm/ihr, alle seine/ihre Gedanken täglich gehorsam dir unterzuordnen.

Kapitel 21: Gottes Freude ins Herz lassen

Herr, weil das Leben ist, wie es ist, wird *(Name des erwachsenen Kindes)* immer mehr Schmerz, Leid und Verlust erleben oder bei anderen miterleben, je länger sie/er lebt. Wenn das geschieht, dann bewahre sie/ihn bitte davor, den Glauben zu verlieren. Bitte gib ihr/ihm Freudenöl anstelle von Trauerkleidern und Lobgesang anstelle eines betrübten Geistes (Jesaja 61,3), wenn ihre/seine Seele über einen Verlust trauert. Hilf ihr/ihm, in dem Wissen zu dir zu kommen, dass in deiner Gegenwart Freude zu finden ist (siehe Römer 15,13).

Kapitel 22: Unliebsame Erbstücke

Herr, ich bringe dir *(Name des erwachsenen Kindes)* und bitte dich, dass alles Schlechte aus der Eltern-Vergangenheit ihm/ihr keine Probleme macht und ihn/sie nicht belastet. Ich weiß, dass im Lauf seines/ihres Lebens Dinge aus der Vergangenheit immer einmal wieder ihr hässliches Gesicht zeigen werden. Mach ihn/sie aber bitte gewiss, dass diese Dinge durch die Kraft deines Heiligen Geistes keine Macht mehr haben. Lass ihn/sie in dir stark genug sein, am Erbe der Freiheit festzuhalten, das am Kreuz für ihn/sie erkauft wurde. Danke, Jesus, dass du den Preis bezahlt hast, damit wir und unsere Kinder ihn nicht zahlen müssen.

Kapitel 23: Alkohol, Drogen und andere Süchte

Herr, ich weiß, dass man in jedem Alter von Alkohol, Drogen oder anderen Dingen abhängig werden kann. Bitte beschütze *(Name des erwachsenen Kindes)* vor alldem. Wenn der Feind in diesem Bereich je Raum gewinnt, dann befreie sie/ihn wieder. Wenn solche Dinge sie/ihn in Versuchung führen, dann rette sie/ihn davor. Hilf ihr/ihm, klar zu erkennen, dass alle diese Dinge großes Leid bringen, und befähige sie/ihn, zu widerstehen.

Kapitel 24: Probleme mit dem Thema Nr. 1 …

Herr, ich weiß, dass sexuelle Versuchungen überall lauern und fast nicht zu vermeiden sind, und sexuelle Sünden werden in der Gesellschaft immer mehr als normal akzeptiert. Ich weiß auch, dass dies einer der Versuche des Feindes ist, *(Name des erwachsenen Kindes)* zu zerstören. Bitte schütze ihn/sie an Geist, Seele und Körper und hilf ihm/ihr, stark zu sein und zu widerstehen. Wenn er/sie sich von dem abbringen lassen will, was in deinen Augen richtig ist, dann hilf ihm/ihr, sich diesem Einfluss zu widersetzen, damit er/sie sein/ihr Leben auf eine Art und Weise führt, die dir Ehre macht.

Kapitel 25: Der richtige Ehepartner

Herr, ich bitte dich, dass *(Name des erwachsenen Kindes)* immer mit dem Mann/der Frau zusammen ist, den/die du für sie/ihn bestimmt hast. Lass sie/ihn in dieser Hinsicht keinen Fehler machen. Wenn bereits Fehler geschehen sind, bitte ich dich, die Situation zu retten. Hilf ihr/ihm, in Phasen der Entmutigung nicht der Versuchung nachzugeben, etwas zu tun, das nicht deinem Willen für ihr/sein Leben entspricht. Bitte hilf, dass sie/er eine Ehe nach deinen Maßstäben führt und die beiden, wenn möglich, Nachkommen haben, die dir gehören (siehe Maleachi 2,15-16).

Kapitel 26: Ein Leben frei von Unversöhnlichkeit

Herr, ich bete, dass *(Name des erwachsenen Kindes)* sich weigert, anderen gegenüber verbittert zu werden, ganz gleich, wie alt er/sie wird oder was in seinem/ihrem Leben geschieht. Lass ihn/sie immer vergebungsbereit sein, wenn ihm/ihr Unrecht geschieht, so wie du ihm/ihr sein/ihr Unrecht gegen dich vergeben hast. Lass ihn/sie langsam zum Zorn sein und befähige ihn/sie, auch gelegentlich über ein Unrecht hinwegzusehen (Sprüche 19,11). Gib ihm/ihr die Fähigkeit, anderen gegenüber immer liebevoll und großzügig zu sein – selbst denen gegenüber, die ihm/ihr ganz anders begegnen.

Kapitel 27: Buße und Umkehr einüben

Herr, bitte schenke *(Name des erwachsenen Kindes)* ein Herz, das sich immer wieder erneuert. Lass sie/ihn nie an den Punkt gelangen, an dem sie/er den Wert von Beichte und Buße in ihrem/seinem Leben nicht mehr versteht. Lass sie/ihn niemals meinen, dass du nicht alles siehst, was sie/er tut, nur weil kein Mensch zuschaut. Lass sie/ihn jedes Unrecht in Gedanken und Taten schnell bereuen. Befähige sie/ihn, ihre/seine Sünden immer vor dir offenzulegen, sie zu bekennen und sich von ihnen abzuwenden, damit sie/er deine Barmherzigkeit und deinen Segen genießen kann (siehe Sprüche 28,13).

Kapitel 28: Schlechte Ansätze im Keim ersticken

Herr, ich weiß, dass der Feind sich gern in unserem Leben breitmacht, und in der Geschäftigkeit, den Anforderungen und dem Stress unseres Lebens merken wir es nicht einmal. Ich bitte dich, dass du alle feindlichen Ansätze im Leben von *(Name des erwachsenen Kindes)* offenlegst und zerstörst. Zeig ihm/ihr Dinge, die er/sie noch nicht bemerkt hat, und lass nichts verborgen sein, das offengelegt werden muss (siehe Matthäus 10,26).

Kapitel 29: Um Weisheit und Einsicht bitten

Herr, ich bete, dass du *(Name des erwachsenen Kindes)* die Gabe der Weisheit schenkst. Befähige sie/ihn, Dinge zu sehen, die sie/er bisher noch nicht sehen konnte. Gib ihr/ihm Weisheit bei allen Entscheidungen, besonders bei schnellen Entscheidungen, bei denen keine Zeit ist, ausführlich zu beten. Schenke ihr/ihm durch die Weisheit, die du in ihre/seine Seele hineingelegt hast, ein langes Leben, Wohlstand, Ehre, Freundlichkeit, Glück und Frieden (siehe Sprüche 3,13-18).

Kapitel 30: Im Glauben wachsen

Herr, ich weiß, dass es Ereignisse im Leben von *(Name des erwachsenen Kindes)* geben wird, die seinen/ihren Glauben auf die Probe stellen. Ich bete aber, dass er/sie alle diese Situationen übersteht und danach sein/ihr Glaube größer ist als zuvor.

Lass seinen/ihren Glauben weiter durch alles wachsen, was in seinem/ihrem Leben passiert, sodass er mit jedem Jahr stärker wird. Gib ihm/ihr den nötigen Glauben, um darauf zu vertrauen, dass er/sie alles erreichen kann, was du für ihn/sie vorgesehen hast. Lass seinen/ihren Erfolg im Leben nie von einem schwachen Glauben beeinträchtigt sein, von Zweifeln daran, dass du das Unmögliche tun kannst.

Kapitel 31: Die Teenagerjahre überstehen

Herr, ganz gleich, welche negativen Erfahrungen mein erwachsenes Kind in seinen Teenagerjahren gemacht hat, bitte ich dich, dass du einen Ausgleich dafür schenkst und sie gebrauchst, um ihren/seinen Charakter zu stärken. Mach etwas Gutes daraus und gebrauche es zu deiner Ehre. Ich weiß, dass diese Jahre bei jedem Menschen einen tiefen Eindruck hinterlassen; darum bete ich, dass du jeden negativen Eindruck, der bei *(Name des erwachsenen Kindes)* geblieben ist, zu etwas Gutem wendest.

ANHANG

Gemeinsam mit anderen Eltern beten

Nachdem ich mit mehreren Varianten einer Fürbitte-Gruppe für Kinder experimentiert hatte, fand ich ein Format, das gut funktionierte:

Zunächst beschränken wir uns bei jedem Treffen darauf, für jeweils höchstens zwölf Kinder zu beten, weil pro Kind zwanzig bis dreißig Minuten nötig sind, um über dessen Sorgen und Anliegen zu reden und angemessen dafür zu beten. Selbst bei „nur“ zwölf Kindern bedeutet das sechs Stunden Gebet. Für Eltern ist das ein ziemliches Opfer an Zeit und Engagement, und für die Kinder ist es eine Geduldsprobe. Darum finden diese Treffen nur ein- oder zweimal pro Jahr statt, meist an einem Sonnabend oder Feiertag. Für kürzere Treffen sollte man weniger Kinder einladen.

Wir beginnen um 14 Uhr mit dem Beten, legen zum Abendessen eine Pause von 17.00 bis 17.30 Uhr ein und beten dann von 17.30 bis 20.30 Uhr weiter. Manchmal bringen alle etwas zu essen mit, manchmal bestellen wir einen Partyservice. Wir engagieren Teenager, die in einem separaten Zimmer die jüngeren Kinder beschäftigen und betreuen, während die Erwachsenen allein beten.

Unserer Erfahrung nach ist es ungünstig, nacheinander für alle Kinder einer Familie zu beten, denn häufig denkt dann diese Familie, sie sei anschließend fertig und könne nach Hause gehen. Es ist auch nicht gut, wenn Leute kommen, für sich beten lassen und dann wieder gehen – oder das Kind abliefern, für das gebetet werden soll, und es dann später wieder abholen. Der einzige Fall, in dem wir das so gehandhabt haben, war ein alleinerziehendes Elternteil, das es nicht anders einrichten konnte. Generell sollten sich aber alle Eltern darauf einstellen, für alle Kinder so lange zu beten, wie es eben dauert. Man sollte die Beteiligten bereits im Vorfeld wissen lassen, was in dieser Hinsicht von ihnen erwartet wird, damit sie sich überlegen können, ob sie bereit sind, sich darauf einzustellen.

Am Anfang ziehen wir die Namen jeder Familie, um zu sehen, in welcher Reihenfolge wir vorgehen. Dann beten wir in dieser Reihenfolge für das erstgeborene Kind jeder Familie. Wenn wir damit fertig sind, beten wir für das zweitgeborene Kind, dann für das drittgeborene und so weiter.

Am Anfang der Gebetszeit ist das Kind noch nicht dabei, sodass die Eltern ihre Anliegen und Sorgen loswerden und wir für sensible Themen beten können, die das Kind nicht hören soll. Dann bitten wir das Kind ins Zimmer, damit es seine eigenen Gebetsanliegen loswerden kann. Für diese beten wir anschließend, ebenso für die Gesundheit des Kindes, für Sicherheit, Bewahrung, Leitung, Entwicklung seiner Gaben und Talente und unter Umständen auch noch einmal (diskret!) für die von den Eltern genannten Anliegen.

Einmal erzählte ein Elternteil von den Sorgen, die bestimmte Freunde des Kindes ihm bereiteten, weil sie einen schlechten Einfluss ausübten. Ohne das Kind beteten wir sehr detailliert in Bezug auf die einzelnen Freunde. Mit dem Kind beteten wir, dass Gott ihm die Fähigkeit schenken möge, sich gute Freunde zu suchen und anderen, die keinen guten Einfluss hatten, zu widerstehen. An dieser Stelle ist Diskretion das Wichtigste, damit das Kind sich nicht hintergangen oder verurteilt fühlt, sondern nur geliebt.

Die Familien, mit denen wir über die Jahre gebetet haben, reden noch heute von dem Einfluss, den unsere gemeinsame Zeit auf sie hatte, und den vielen Gebetserhörungen, die sie infolgedessen erlebten. Die Kinder genossen diese Gebetszeiten ebenfalls, weil sie dadurch das Gefühl hatten, dass uns an ihnen lag und sie etwas Besonderes waren. Manchmal kamen sogar Eltern und baten die Gruppe, für ein erwachsenes Kind zu beten, das schon aus dem Elternhaus war, und berichteten später ebenfalls über die positiven Auswirkungen dieser Gebete.

Wer weiß, wie viele Leben auf die eine oder andere Weise gerettet wurden – oder gerettet werden können, wenn Eltern gemeinsam beten? Zögern Sie nicht, eine Eltern-Gebetsgruppe in Ihrer Gegend zu organisieren. Es besteht großer Bedarf. Wenn Sie die Treffen organisieren, werden die Leute kommen!

Leseprobe

Stormie Omartian

Mein Gebet macht uns stark –

Was geschieht, wenn Frauen für ihren Mann Beten

ISBN 978-3-417-26607-8 | Gebunden, 192 Seiten

Einleitung

Die Macht des Gebets

Am Anfang dieses Buches möchte ich eine Sache klarstellen: Falls Sie hoffen, von mir ein Rezept zu erhalten, wie Sie Ihren Ehemann besser unter Ihre Fuchtel bekommen können, muss ich Sie leider enttäuschen! Genau das Gegenteil ist der Fall, denn sobald Sie auf die Macht des Gebets vertrauen, ziehen Sie unter alle eigenen Bemühungen und Wünsche einen Schlussstrich und verlassen sich ausschließlich auf die Kraft Gottes. Dann ist es Gottes Sache, Ihre Ehe, Sie selbst, Ihren Mann und Ihre Lebensumstände zu verändern.

Das Gebet ist keine Waffe, mit der wir ein störrisches Tier im Zaum halten, sondern es ist ein Werkzeug, mit dem wir im Verborgenen an der Erneuerung unserer Beziehung arbeiten. Das ist nur möglich, wenn es uns wichtiger ist, das Richtige zu tun, als immer Recht haben zu müssen. Wir verzichten darauf, Gleiches mit Gleichem zu vergelten, und sind stattdessen bereit, uns um das Wohl des anderen zu kümmern. Indem wir für unseren Ehemann beten, bauen wir einen Kanal, durch den die Kraft Gottes in sein Leben fließen kann. Auf diese Weise wird er von Gott gesegnet und dieser Segen färbt schließlich auch auf uns selbst ab.

Als Michael und ich frisch verheiratet waren und die ersten Konflikte auftauchten, kam es mir nicht sofort in den Sinn, für ihn zu beten. Ich betrachtete das Gebet eher als letzten Ausweg, zu dem man erst Zuflucht nahm, nachdem alle anderen Mittel versagt hatten. Daher probierte ich es zunächst mit Argumentieren, Ignorieren, Aus-dem-Weg-Gehen, Diskutieren und selbstverständlich auch mit Beleidigtsein. Unglücklicherweise zeigten alle meine Bemühungen so gut wie keinen Erfolg und es dauerte eine ganze Weile, bis ich begriff, dass ich diese unerfreulichen Auseinandersetzungen vermeiden konnte, wenn ich *vorher* betete.

Inzwischen sind Michael und ich über vierzig Jahre miteinander verheiratet, und das ist im wahrsten Sinne des Wortes ein Wunder. Diese Tatsache ist kein Beweis für unseren guten Charakter, sondern sie zeigt, dass Gott auch heute noch Gebete erhört. Sogar nach all diesen Jahren muss ich gestehen, dass ich mit dem Lernen noch nicht fertig bin und dass es mir keineswegs immer leicht fällt. Und obschon ich im Beten noch nicht so viel Übung habe wie in manch anderen Methoden, kann ich Ihnen aus tiefster Überzeugung versichern, dass es sich lohnt, Gott um seine Hilfe zu bitten.

Leider begriff ich erst, was echte Fürbitte für meinen Mann bedeutet, als ich anfing, für unsere Kinder zu beten. Nachdem ich an meinen Kindern tiefgreifende Veränderungen beobachten konnte, entschloss ich mich, genauso ausführlich und eifrig für meinen Mann zu beten. Allerdings habe ich rasch festgestellt, dass es viel leichter ist, für unsere Kinder im Gebet einzutreten. Von dem Augenblick an, in dem wir sie zum ersten Mal sehen, wollen wir nur das Beste für sie und empfinden eine überwältigende und bedingungslose Liebe. Bei unserem Ehemann ist es oft nicht ganz so einfach — vor allem dann, wenn man schon einige Jahre miteinander verheiratet ist. Unser Mann kann unsere Gefühle verletzen, er kann rücksichtslos, gleichgültig, beleidigend, irritierend oder nachlässig sein. Durch sein Handeln oder Reden kann er uns kleine Splitter ins Herz jagen, die sofort anfangen zu eitern, sobald wir für ihn beten wollen. Bevor wir diese schmerzenden Splitter entfernt haben, werden wir nicht in der Lage sein, wirklich im Gebet für ihn einzustehen.

Für unseren Mann Fürbitte zu leisten ist nicht dasselbe, wie für unsere Kinder zu beten (auch wenn es ähnlich erscheinen mag), denn wir sind nicht die Mutter unseres Mannes. Gott hat uns Autorität über unsere Kinder geschenkt, aber wir haben *keine* Autorität über unseren Ehemann. Da Gott uns jedoch Vollmacht über »die ganze Macht des Feindes« verliehen hat, können wir Satans Plänen großen Schaden zufügen, indem wir für unseren Mann beten (Lukas 10,19). Viele Schwierigkeiten, die innerhalb einer Ehe auftauchen, gehören zur Strategie des Feindes, durch die er diese Ehe zerstören will. An diesem Punkt können wir uns hinstellen und sagen:

»Ich werde nicht zulassen, dass meine Ehe kaputt geht.«

»Ich werde nicht tatenlos zusehen, wie mein Mann immer niedergeschlagener und erschöpfter wird.«

»Ich werde alles in Bewegung setzen, damit sich zwischen uns keine unsichtbare Wand bildet.«

»Ich werde mit allen meinen Kräften verhindern, dass Verwirrung, Missverständnisse, schlechte Gewohnheiten oder falsche Entscheidungen das zerstören, was wir gemeinsam aufgebaut haben.«

»Ich werde nicht dulden, dass Verletzungen und Unvergebenheit schließlich zu einer Scheidung führen.«

Tatsächlich haben wir es in der Hand, unsere Ehe vor schädlichen Einflüssen zu schützen, denn wir wissen, dass Gott uns in seinem Namen die Vollmacht dazu verliehen hat. Es steht in unserer Macht, unsere Ehe mit einem Schutzwall zu umgeben, weil Jesus gesagt hat: »Ich versichere euch: Was ihr hier auf der Erde für verbindlich erklären werdet, das wird auch vor Gott verbindlich sein; und was ihr hier für nicht verbindlich erklären werdet, das wird auch vor Gott nicht verbindlich sein« (Matthäus 18,18). Im Namen Jesu besitzen wir die Autorität, das Böse aufzuhalten und das Gute zuzulassen. Sie können Gott jede Schwierigkeit nennen, mit der Ihr Mann konfrontiert ist — Alkoholsucht, Überarbeitung, Trägheit, Depressionen, Krankheit, Zorn, Sorge, Furcht oder Versagen —, und können Gott bitten, ihn davon zu befreien.

Und was ist mit mir? Ich brauche doch auch Gebet!

Sobald Sie sich darauf einlassen, regelmäßig für Ihren Mann zu beten, fragen Sie sich vermutlich, ob Ihr Partner irgendwann ebenso intensiv für Sie beten wird. Natürlich wäre es großartig, wenn er es tun würde, doch Sie sollten lieber nicht damit rechnen. Für Ihren Mann im Gebet einzustehen ist ein Akt selbstloser Liebe und ein bedingungsloses Opfer, das Sie für Ihre Ehe bringen. Sie sollten sich also vorher darüber im Klaren sein, dass Ihr Mann höchstwahrscheinlich niemals in derselben Weise für Sie beten wird. Vielleicht wird er sogar überhaupt nicht für Sie beten. Zwar können Sie ihn darum bitten und diesen Wunsch zu Ihrem eigenen Gebetsanliegen machen, doch Sie können ihn nicht dazu zwingen.

Ob er überhaupt für Sie betet und wie oft er es tut, ist jedoch nicht Ihre Angelegenheit, sondern Gott selbst wird sich darum kümmern. Daher sollten Sie ihn ganz bewusst von dieser Verpflichtung befreien — zumal er sich ins eigene Fleisch schneiden wird, falls er nicht für Sie betet. Ihr Wohlergehen und Ihre Erfüllung sind nicht von seinen Gebeten abhängig, sondern gründen sich ausschließlich auf Ihre Beziehung zu Gott. Selbstverständlich benötigen auch Ehefrauen Fürbitte, aber ich bin davon überzeugt, dass wir nicht von unseren Ehemännern erwarten sollten, dass sie diesen Bereich unseres Lebens abdecken. Wenn Frauen hoffen, in ihrem Mann ihren eifrigsten und treuesten Gebetspartner zu finden, legen sie dadurch oft selbst den Grundstein für Enttäuschungen und Versagen.

Ich habe festgestellt, dass es für unsere Ehe am besten ist, wenn ich mich einmal in der Woche mit anderen Frauen zum Gebet treffe. Inzwischen glaube ich sogar, dass diese Form des gemeinsamen Gebets für jede Ehe lebenswichtig ist. Suchen Sie sich zwei oder drei glaubensstarke Frauen, denen Sie alles anvertrauen können, was Sie bewegt, und vereinbaren Sie einen Zeitpunkt für einen wöchentlichen Gebetskreis. Sie werden bald entdecken, dass diese gemeinsame Fürbitte Ihr Leben verändert. Selbstverständlich will ich Sie nicht dazu auffordern, indiskret zu sein oder Ihren Gebetspartnerinnen jede Kleinigkeit zu erzählen, die nur Sie und Ihren Mann etwas angeht. Die Zielsetzung dieses Gebetskreises soll darin bestehen, Gott gemeinsam zu bitten, dass er *Ihr* Herz verändert und Ihnen zeigt, wie Sie eine gute Ehefrau sein können. Wichtig ist, dass Sie Ihre Gebetsanliegen äußern und mit Ihren Gebetspartnerinnen Gott bitten können, dass er Ihren Mann segnet.

Natürlich gibt es Probleme, die so unüberwindlich scheinen, dass man sie unbedingt mit einer Person besprechen sollte, auf deren Verschwiegenheit man sich verlassen kann. Ich habe viel zu oft mit ansehen müssen, wie ein Ehepaar sich getrennt hat, weil beide Partner zu stolz oder zu ängstlich waren, um sich jemandem anzuvertrauen. Stattdessen gaben sie die ganze Zeit vor, alles wäre in bester Ordnung, bis die Ehe dann mit einem Schlag in die Brüche ging. Bitten Sie Ihre Gebetspartnerinnen, alle Ihre Gebetsanliegen streng vertraulich zu behandeln, doch üben Sie sich keinesfalls in falscher Zurückhaltung! Ihre Ehe ist jede Anstrengung wert, und falls Ihre Gebetspartnerinnen nicht über die nötige Diskretion verfügen, dann suchen Sie nach anderen Frauen, die genügend Weisheit, Einfühlungsvermögen und geistliche Reife besitzen.

Aber sogar ohne Gebetspartnerinnen oder einen Ehemann, der Sie im Gebet unterstützt, werden Sie bald merken, dass sich etwas verändert. Gott wird Sie schon deshalb segnen, weil Sie sich im Gebet an ihn wenden, und noch bevor er Ihre Gebete erhört hat, werden Sie bereits eine neue Freude spüren! Wenn Sie viel Zeit in Gottes Gegenwart verbringen, werden Sie die positiven Auswirkungen in Ihrem Leben feststellen können, denn in der Gegenwart Gottes findet jede bleibende Veränderung ihren Anfang.

Ein Gebet nach dem anderen

Lassen Sie sich nicht abschrecken, wenn Ihnen bewusst wird, wie umfangreich und zeitaufwendig die Fürbitte für Ihren Mann werden kann. Sie brauchen nicht am ersten Tag, in der ersten Woche oder während des ersten Monats für jeden einzelnen Bereich seines Lebens zu beten. Die Vorschläge in diesem Buch sollen eine Hilfe sein, die Sie gebrauchen sollten, wie der Heilige Geist Sie führt. Falls Sie mit sehr hartnäckigen Problemen kämpfen und auf einen großen Durchbruch hoffen, können Sie Ihre Gebete durch Fasten verstärken. Darüber hinaus werden Sie staunen, welche positiven Auswirkungen es hat, wenn Sie bestimmte Bibelverse ganz bewusst im Hinblick auf Ihren Mann sprechen. In den Gebeten am Ende jedes Kapitels habe ich die angegebenen Schriftstellen ausdrücklich in meine Fürbitte mit einbezogen. Am besten ersetzen Sie die Worte »mein Mann« in den Gebeten durch den Namen Ihres Mannes, um das Gebet zu Ihrem eigenen zu machen.

Es ist sehr wichtig, dass Sie nicht die Geduld verlieren, denn es kann eine ganze Weile dauern, bis Sie eine Gebetserhörung erleben — vor allem dann, wenn Ihre Ehe großer Belastung ausgesetzt ist und Sie beide tief verletzt sind. Versuchen Sie durchzuhalten und auf Gottes Eingreifen zu warten. Rufen Sie sich immer wieder ins Gedächtnis, dass Sie beide schwache Menschen sind. Nur Gott allein ist vollkommen, und an ihn dürfen Sie sich mit allen Ihren Anliegen und Wünschen wenden. Dann brauchen Sie sich nicht mehr darum zu kümmern, *wie* Gott diese Dinge zustande bringt, weil Ihre Verantwortung mit dem Gebet endet. Gott hat die Macht, Ihre Gebete zu erhören, und Sie dürfen sich ihm mit Haut und Haaren anvertrauen.

Weitere Titel der Erfolgsautorin Stormie Omartian

365 Gebete, die stark machen

Stormie Omartian lädt mit 365 Gebeten in ihrer gewohnt unkomplizierten Art dazu ein, mit Gott ins Gespräch zu kommen. Die Texte bieten die passenden Worte, um für ein bestimmtes Problem, eine schwierige Alltagssituation oder für eine Person aus der Familie zu beten.

Gebunden, 13,5 x 20,5 cm, 365 Seiten
ISBN 978-3-417-26440-1

Mein Gebet macht uns stark
Was geschieht, wenn Frauen für ihren Mann beten

Dieses Buch hat bereits viele Ehen verändert! Die 14. Gesamtauflage enthält ein zusätzliches Kapitel. Wie können Sie Ihren Mann am besten unterstützen? Indem Sie für ihn beten! Wenn Sie Gott beim Wort nehmen, werden Sie entdecken, wie das Gebet Ihren Partner und die Ehe stark macht.

Gebunden, 14 x 21,5 cm, 192 Seiten
ISBN 978-3-417-26607-8

Mein Gebet macht meine Enkel stark
Was geschieht, wenn Großeltern beten

Enkel zu haben, ist ein wunderbares Geschenk. Und die beste Art, ihnen Liebe zu zeigen, ist es, für sie zu beten. Bestsellerautorin Stormie Omartian zeigt, wie man bei Gott dafür eintritt, dass die Enkelkinder gesund und bewahrt sind, weise Entscheidungen treffen und Jesus kennenlernen.

Gebunden, 13,5 x 21,5 cm, 256 S., größere Schrift
ISBN 978-3-417-26838-6

Mein Gebet macht mich stark
Was geschieht, wenn Frauen beten

Das beliebte Buch von Stormie Omartian hilft Ihnen, die persönliche Beziehung zu Gott zu vertiefen. In 31 Kapiteln (die Neuauflage enthält ein neues Kapitel) zeigt sie, worauf es beim Beten wirklich ankommt, und berichtet aus ihrem eigenen Leben.

Gebunden, 14 x 21,5 cm, 248 Seiten
ISBN 978-3-417-26608-5